Insolvenz

–

Eine Gefahr, ihre Ursprünge und Auswirkungen

von

Melanie Müller

Tectum Verlag
Marburg 2006

Müller, Melanie:
Insolvenz - Eine Gefahr, ihre Ursprünge und Auswirkungen
/ von Melanie Müller
- Marburg : Tectum Verlag, 2006
ISBN 978-3-8288-8979-8

Tectum Verlag
Marburg 2006

Inhalt

Abkürzungsverzeichnis

AN	Arbeitnehmer
AV/UV	Anlagevermögen/Umlaufvermögen
BGH	Bundesgerichtshof
BiRiLiG	Bilanzrichtliniengesetz
bzgl.	bezüglich
EGInsO	Einführungsgesetz zur Insolvenzordnung
EK	Eigenkapital
evtl.	eventuell
f.	folgende
ff.	fortfolgende
FFP	Fortführungsprognose
gem.	gemäß
GesG	Gesetzgeber
GF	Geschäftsführer
GG	Grundgesetz
ggf.	gegebenenfalls
GJ	Geschäftsjahr
grds.	grundsätzlich
HGB	Handelsgesetzbuch
i.d.R.	in der Regel
i.F. (e)	in Form (einer; eines)
i.R.d.	im Rahmen der
i.S.v.	im Sinne von

i.V.m.	in Verbindung mit
i.Z.d.	im Zeitpunkt der
IDW	Institut der Deutschen Wirtschafts-prüfer
InsO	Insolvenzordnung
InsR	Insolvenzrecht
InsVV	Insolvenzrechtliche Vergütungs-
IV	Insolvenzverfahren
IVerw	Insolvenzverwalter
JA	Jahresabschluß
JÜ/JF	Jahresüberschuß/-fehlbetrag
KO	Konkursordnung
L/L	Lieferungen und Leistungen
n.	nach
RAP	Rechnungsabgrenzungsposten
RegEnt	Regierungsentwurf
RL	Rechnungslegung
u. B.	unter Berücksichtigung
u. U.	unter Umständen
UN	Unternehmen
urspr.	ursprünglich
VG	Vermögensgegenstand/-gegenstände
VO	Verordnung
VÜ	Vermögensübersicht
VV	Vermögensverzeichnis

VW´e	Vermögenswerte
WRV	WirtschaftsRahmenVertrag
z.B.	zum Beispiel
ZP	Zeitpunkt
ZSEG	Gesetz über die Entschädigung von Zeugen und Sachverständigen

Meinem Erstprüfer

Professor Dr. Andreas Schiller

1. Vorwort

Eine Vielzahl von Insolvenzgesetzen machte es 1994 notwendig für eine einheitliche Insolvenzgesetzgebung zu sorgen.

So gingen die bis dahin geltende Konkurs- und Vergleichsordnung für die alten und die Gesamtvollstreckungsordnung für die neuen Bundesländer, die die Regelung von Zahlungsunfähigkeit und Überschuldung ablöste, in der zum 05.10.1994 verabschiedeten, am 18.10.1994 verkündeten und letztendlich zum 01.01.1999 in Kraft getretenen Insolvenzordnung auf.

Da das Insolvenzrecht Gesamtvollstreckungsrecht ist, wurde mit dieser Harmonisierung für eine bundesweite Vereinheitlichung der Rechtsvorschriften gesorgt.

Geschichtliche "Meilensteine" lassen sich bereits Ende der 70er Jahre feststellen, wo eine Kommission aus Wissenschaftlern und Praktikern des InsR sowie Vertretern der Wirtschaftsverbände und Gewerkschaften einberufen wurde, um Vorschläge für eine Reformbestrebung zu konkretisieren.

Ende der 80er Jahre wurden eben diese als Vorlage genommen und evtl. modifiziert in einen RefEntw eingearbeitet.

Mit der Verabschiedung der neuen Insolvenzordnung am 05.10.1994, die zum 01.01.1999 in Kraft trat und die auch private Personen/Haushalte in Form einer "Verbraucherinsolvenz" mit einbezieht[1], schließt sich vorerst der Kreis.

Erweitert werden die Reformaktivitäten durch eine weitere Reform, die zum 26.10.2001 verabschiedet und zum 01.12.2001 in Kraft getreten ist.

Auf die Hauptproblemstellungen als auch ansatzweise Vorgehensweisen wird diese Arbeit in der Einleitung näher eingehen.

---

1 Vgl. alles Angele, J. (2002): Insolvenzen 1999 bis 2001 nach neuem Insolvenzrecht in WiSt, Heft 6, Stuttgart, u.a. S. 462

Einleitung

Neben der Zersplitterung der Gesetzesvorschriften, die durch die nun geltende Insolvenzordnung eine eindeutige und allumfassende Rechtsgrundlage erfuhr, wurden durch die Reform weitere Problematiken in Angriff genommen.

Ursache für die Einberufung einer Kommission Ende der 70er Jahre war die sich derzeit auftuende Notwendigkeit gewesen, der exorbitant hohen Quote (75%) von abgewiesenen Konkursanträgen aufgrund zu geringer Mittel des Schuldners Einhalt zu gebieten.

Im Anhang ergänzte Statistiken sollen diese Entwicklung als auch aktuellere Daten und Fakten bzgl. des auslösenden Grundes, der initiierenden Partei sowie der Entwicklung im neueren Zeitverlauf veranschaulichend belegen.

Das es zu einer derart umfangreichen Ablehnung von Anträgen kam, lag an dem nicht suffizienten Vermögen des Insolvenzschuldners, das erwarten ließ die Verfahrenskosten nicht decken zu können als auch daran, daß bei Antragstellung bereits ein vorgerückter Zeitpunkt eingetreten war, zu dem eine Sicherung des Vermögens bei Verfahrenseröffnung nicht mehr möglich war.

Diese zweite Problemstellung sollte die Insolvenzordnung konkret durch die Aufnahme eines dritten Eröffnungsgrundes auch Tatbestandes neben der Zahlungsunfähigkeit und der Überschuldung angehen, die drohende Zahlungsunfähigkeit.

Sie sollte der Mittellosigkeit entgegenwirken, indem sie zeitraumgerecht den entsprechenden Auslösegrund, durch den Schuldner, antizipieren läßt und somit zu einer Vermögenssicherung beiträgt.

Ein diesbezüglicher, weiterer Anreiz sollte mit der Novellierung des Gesetzes Ende 2001 geschaffen werden.[2]

---

2   Vgl. alles Angele, J. (2003), aaO, S. 460ff.

Da die Verfahrenskosten einen nicht unerheblichen Teil der zu befriedigenden Leistungen im Insolvenzverfahren ausmachen, war es erneutes Ziel des GesG die Anzahl der "mangels Masse"[3] abgewiesenen Anträge zu verringern bzw. die Eröffnungsquote für Insolvenzverfahren zu erhöhen[4], indem eine Stundung der Verfahrenskosten in Aussicht gestellt wurde und die sog. "Wohlverhaltensphase"[5] von sieben auf sechs Jahre reduziert wurde.[6]

Die statistische Auswertung für UN entnehmen Sie dem Anhang.[7]

Ein drittes Problem, da im Schrifttum vielseitig umstritten, ist die Überschuldung als Eröffnungsgrund.

So existieren mithin, neben der der Insolvenzordnung, bis zu fünf Bewertungsansichten, die sich der Thematik annehmen und die von Literatur, Rechtsprechung und Gesetzgebung durchaus kontrovers diskutiert werden.[8]

Dabei stellt die Überschuldungsbilanz das Mittel der Überschuldungsfeststellung dar. Ansatz und Bewertung der Aktiva und partiell auch Passiva gem. diverser zugrunde liegender Prämissen sind dabei heftig umstritten.[9]

Da sich diese Arbeit schwerpunktmäßig am Überschuldungstatbestand orientiert, möchte ich u.a. die beiden in Rechtsprechung und Literatur sowie vom GesG favorisierten Methoden als auch die durch die InsR-Reform ins Leben gerufene Prüfungsweise schwerpunktmäßig im Folgenden vorstellen.

---

3   "mangels Masse" meint die Aktiva des UN´s deckt noch nicht einmal die Verfahrenskosten

4   Vgl. Angele, J. (2002), aaO, S. 465

5   meint: Nach einem Zeitraum von nun sechs Jahren, innerhalb dessen vom Schuldner an den Gläubiger eine vorab festgelegte, konstante Summe zurückgeführt wird, kann i.R.e. Restschuldbefreiungsverfahren n. § 286 InsO der Erlaß der Restschuld durch den Einzelrichter erfolgen, so daß die "Unentlichkeitshaftung" von 30 Jahren (n. BGBaF) nicht mehr greift.

6   Vgl. ebenda, S. 463

7   Vgl. Statistisches Bundesamt (Hrsg.) (2002): Wirtschaft und Statistik (WiSt), Heft 6, Stuttgart

8   Vgl. IDW (Hrsg.)(1992): WPH Bd. 1, 10. Auflage, Köln, Rndnr. T 21

9   Vgl. Schmidt/Uhlenbruck (1997): Die GmbH in Krise, Sanierung und Insolvenz, Köln, Rndnr. 505

2. Der "einheitliche" Insolvenzbegriff

Nach dem Gesetzeszweck ist Insolvenz einmal der Zustand der Unternehmung, die eine Schmälerung der Haftungsmasse nicht mehr hinnehmen darf, weil die Gläubiger nur noch einen Anspruch auf quotale Befriedigung ihrer Forderungen haben.

Insolvenz ist also die wirtschaftliche Notlage eines Schuldners oder UN´s, der den Gleichbehandlungsgrundsatz (die par creditio creditorum) zugunsten aller Gläubiger eingreifen läßt und die Auslösung eines Insolvenzverfahrens rechtfertigt.[10] Eine unterschiedliche Definition im Abgrenzungsbereich der Betriebswirtschaft zur Rechtswissenschaft gibt es nicht, so daß diese Terminologie einheitlich und systemkonform gültig und verwendbar ist.

Zu unterscheiden ist aber die Bedeutungen der Begrifflichkeit Krise zu der der Insolvenz. Diese sind nach irrtümlicher Meinung nicht kongruent.[11] Vielmehr stellt die Insolvenz einen rechtlichen Oberbegriff für Zahlungsunfähigkeit, drohende Zahlungsunfähigkeit und die Überschuldung dar, die in dieser Arbeit vorrangig angegangen werden soll, sowie die Vorstadien der Insolvenzgründe als Krise, die bereits für Strafdelikte gem. §§ 283ff. StGB Bedeutung erlangt.[12]

---

10   Vgl. alles Braun/Uhlenbruck (1997): Die Unternehmensinsolvenz, Düsseldorf, S. 36f.
11   Vgl. ebenda
12   Vgl. ebenda, S. 7

3. Insolvenzfähigkeit

Sie ist vom Insolvenzgericht bereits im Zulassungsverfahren zu prüfen. Wer rechtsfähig oder (zumindest) parteifähig ist, ist auch insolvenzfähig. Dabei ist darauf zu achten, daß die Insolvenzfähigkeit nicht mit der Geschäft- oder Prozeßfähigkeit korrespondiert.

Wer insolvenzfähig ist geben die §§ 11,12 der Insolvenzordnung vor.[13]

Juristische Personen des Privatrechts sind den natürlichen Personen hinsichtlich der Rechtsfähigkeit gleichgestellt und somit insolvenzfähig.[14] Hierzu gehören:

(a) die AG

(b) die KgaA

(c) die GmbH

(d) die GmbH & Co. KG

(e) die GenmbH

Weiterhin kann die Vorgesellschaft insolvenzfähig sein soweit sie bereits Trägerin von Rechten und Pflichten ist.

Nicht so allerdings die Vorgründungsgesellschaft, da es sich hierbei um eine reine "Innengesellschaft" handelt, die mangels eigenem Gesellschaftsvermögens nicht insolvenzfähig ist.[15]

---

13 Vgl. Braun/Uhlenbruck (1997), aaO, S. 194f.; vgl. auch Paulus, Chr. (2003): Grundlagen des neuen Insolvenzrechts - Schuldner, Gläubiger und Insolvenzverwalter in: DStR, Heft 1, München, S. 31
14 Vgl. Breuer, W. (2003): Insolvenzrecht, 2. Auflage, München, S. 48f.
15 Vgl. alles ebenda

4. Die Beteiligten in der Insolvenz

4.1 Der Insolvenzschuldner

Grundsätzlich sei festgestellt, daß diese wie vorhergehend in §§ 11, 12 InsO charakterisiert sind. Zudem korrespondiert dieser Gliederungspunkt stark mit dem der Insolvenzfähigkeit.

Das Insolvenzverfahren ist nicht nur auf Kaufleute beschränkt. Allerdings gibt es differenzierende Verfahren, die sich an dem jeweiligen Insolvenzschuldner ausrichten. Nach § 304ff Abs. 1 InsO gilt für natürliche Personen und solche, die einer geringfügigen selbständigen Tätigkeit nachgehen, das Verbraucherinsolvenzverfahren, das faktische Funktionsdefizite beseitigt.[16] Im Rahmen der erneuten Reformierung des InsR mit Gültigkeit zum 01.12.2001 wurde ein bis dahin vorhandenes "vereinfachtes Verfahren" für aktive Kleinunternehmen jedoch aufgehoben, so daß nun für diesen Einsatzzweck einheitlich das Regelinsolvenzverfahren gilt.[17]

Das Verfahren mit "Eigenverwaltung"[18] n. §§ 270ff. InsO kann aber auch von beschränkt haftenden Gesellschaften beantragt werden.[19]

Bei juristischen Personen, z.B. sind die organschaftlichen Vertreter Träger der Schuldnerrolle.[20]

Eine Orientierung, wer Schuldner sein kann, gibt der folgende Gliederungspunkt.

---

16 Vgl. Braun/Uhlenbruck (1997), aaO, S. 194; vgl. Paulus, Chr. (2003), aaO, S. 31; vgl. Breuer, W. (2003), aaO, Rndnr. 138

17 Vgl. Angele, J. (2002), aaO, S. 462, 466; vgl. Braun/Uhlenbruck (1997), aaO

18 "Eigenverwaltung" meint, daß dem Schuldner ein Sachverständiger zur Seite gestellt wird, der den ordnungsgemäßen Ablauf der Vermögensverwaltung kontrolliert, diese aber nicht durch einen IVerw organisiert wird. Die Verfügungs- und Verwaltungsbefugnis obliegt somit weiterhin dem Schulnder

19 Vgl. auch Balz/Landfermann (1995): Die neuen Insolvenzgesetze, Düsseldorf, S. 387ff.

20 Vgl. Braun/Uhlenbruck (1995), aaO

4.1.1 Insolvenzfähige (ausgesuchte) Rechtssubjekte

Neben den bereits im vorangegangenen Gliederungspunkt (unter 2.0) erwähnten juristischen Personen des privaten Rechts, sind u.a. auch

➢ Gesellschaften ohne Rechtscharakter n. § 12 Abs. 2 Nr. 1 InsO insolvenzfähig. Diese Gruppierung besteht aus:

(a) der KG

(b) der OHG

(c) der Partnergesellschaft

(d) der Partenreederei

(e) der Europäische wirtschaftliche Interessengemeinschaft

(f) und neuerdings auch der GbR

Die GbR, die ursprl. als sog. BGB-Gesellschaft n. § 705 BGB initiiert wurde, hat nun ihre Bestätigung aufgrund jahrzehntelanger, funktioneller Bewährung in Form von ARGEn, Sozietäten und Kartellen gefunden. Da sie als solche aber die Konzeption der §§ 705 ff. BGB zerstört, wurde sie, da sie nunmehr so etwas wie eine eigene Rechtsfähigkeit besitzt, mit in diese Gruppe aufgenommen.[21]

➢ Vereine / Stiftungen

Die Insolvenzfähigkeit des eingetragenen und somit rechtsfähigen Verein (§§ 21, 22 BGB) als "Keimzelle" der juristischen Person sowie die Stiftung (§ 80 BGB) als solches Pendant für den öffentlich-rechtlichen Rechtsbereich, folgt aus § 11 Abs. 1 S 1 InsO. In S 2 gleichgestellt, der nicht rechtsfähige Verein, der nur im Umfang seines Vereinsvermögens haftbar zu machen ist.[22]

---

21 Vgl. Paulus, Chr. (2003), aaO, S. 31f.; vgl. auch Breuer, W. (2003), aaO, Rndnr. 140; vgl. Braun/Uhlenbruck (1997), aaO, S. 195
22 Vgl. Breuer, W. (2003), aaO, S. 49

4.1.2 Nicht insolvenzfähige (ausgesuchte) Rechtssubjekte

Da der Gesetzgeber zur Prämisse gemacht hat, daß nur jedem unabhängigen Rechtsträger auch ein unabhängiges Schicksal ereilen kann, gehören folgende Rechtssubjekte in diese Gruppierung:

(a) Der Konzern[23]

(b) Bund und Länder n. § 12 Abs. 1 S 1 InsO

(c) vom Landesrecht für "insolvenzresistent" erklärte juristische Personen des öffentlichen Rechts

    1. Körperschaften

    2. rechtsfähige Anstalten

    3. Stiftungen,

die in § 12 Abs. 1 S 2 explizit ausgenommen wurden.[24]

Gleiches gilt für:

(d) kirchliche Körperschaften des öffentlichen Rechts (kKÖR) nach Art. 140 GG i.V.m. Art. 137 Abs. 3 S 1 WRV.

Ebenso nicht insolvenzfähig sind daneben:

(e) öffentlich-rechtliche Rundfunkanstalten, wenn die Landesgesetzgebung dieses ausdrücklich bestimmt sowie

(f) die stille Gesellschaft

Bei ihr kann das Verfahren nur über das Vermögen des Inhabers eröffnet werden, da sich diese als reine "Innengesellschaft" versteht, die sich bei Insolvenzverfahrenseröffnung auflöst.[25]

4.2 Der Gläubiger

4.2.1 Insolvenzgläubiger (§ 38 InsO)

Sie stehen als "persönliche Gläubiger"[26] im Zentrum, sind zumindest aber Ausgangspunkt und Ziel, des Insolvenzverfahrens, dessen primäres Ziel es n. § 1 InsO ist, die Gläubiger des insolventen Parts zu befriedigen.[27]

---

23   Vgl. Paulus, Chr. (2003), aaO, S. 32

24   Vgl. Braun/Uhlenbruck (1997), aaO, S. 196f.; vgl. Paulus, Chr. (2003), aaO

25   Vgl. Braun/Uhlenbruck (1997), aaO, S. 95, 197

26   Vgl. Paulus, Chr. (2003), aaO, S. 34

Dies geschieht nach der 'par credicio creditorum'[28]auf Gleichbehandlungs-
basis und nicht wie in den USA im Rahmen eines „grab-race", wo sich jeder Gläubiger am eigenen Interesse orientierend Befriedigung verschafft.

Dieser gemeinnützig erscheinende Gedanke wird seit jeher getrübt von exi-
stierenden Vorrechten, die einzelnen Gläubiger ehemals zahlreiche Vorteile
bei der Verteilung der Insolvenzmasse bescherten.

Beispiel dafür ist der "Prinzenpfennig" des Staates, der sich seine Forderungen vorrangig begleichen ließ. Die Illusion einer vorrechtsfreien Verteilung der Masse ist allerdings darin begründet, daß aus sozialpolitischen
Erwägungen heraus bestimmte Gläubigergruppen bessergestellt werden.[29]

Der Gleichrang bezieht sich also insofern nur auf Gläubiger in den gleichen
"Befriedigungsklassen", so daß von einer Reihe unterschiedlicher Gläubi-
gerkategorien ausgegangen werden muß.[30]

Mit Einführung der InsO hat der GesG alle Vorrechte von AN, des Staates,
der Sozialversicherungsträger und der Bundesanstalt für Arbeit als auch der
AN wegen rückständiger Arbeitsentgelte n. § 59 Abs. 1 Nr. 3 KO beseitigt.[31]

---

27   Vgl. ebenda
28   meint nach einem Gleichbehandlungsprinzip
29   Vgl. ebenda, S. 32
30   Vgl. ebenda
31   Vgl. Braun/Uhlenbruck (1997), aaO, S. 101; vgl. Paulus, Chr. (2003), aaO

Allein nach dem Depotgesetz (DepotG) existiert noch ein sogenanntes Vorrecht an einer Sondermasse, weil ein Teil des Schuldnervermögens für bestimmte Gläubigergruppen reserviert ist.

Dazu gehören n. § 32 Abs. 3 und 4 DepotG sog. Verwahrer, Pfandgläubiger und Kommissionäre.[32]

Ziel der Abschaffung von zahlreichen Vorrechten war es eine höhere Eröffnungsquote zu erhalten, um das Verfahren nicht "mangels Masse" vorzeitig einstellen zu müssen.[33]

Diese Strategie führte breitflächig zu einer schnelleren Antragstellung, da der Fiskus z.B. nun rechtzeitig einen Insolvenzantrag stellen mußte, um eine Vermögenssicherung zu einem frühen Zeitpunkt beim Schuldner zu erreichen, die ihm seine berechtigten Forderungen einbringen sollte.[34]

4.2.2 Nachrangige Gläubiger (§ 39 InsO)

Wie der Vorsatz bereits indiziert handelt es sich hierbei um Gläubiger, die vom Insolvenzverfahren erst den Insolvenzgläubigern nachfolgend befriedigt werden.[35]

Klassische Beispiele liegen in den Ansprüchen n. § 63 KO und § 32a GmbHG vor, die vor 1999 von der Verfahrensteilnahme ausgeschlossen waren und nun mit einem Nachrang ausgestattet wurden. Dem § 32a GmbHG gleichgestellt sind Forderungen von Dritten, dessen UN mit einem Gesellschafter n. § 32a GmbHG verbunden ist.[36]

Gleichwohl sind diese Verbindlichkeiten nach *Paulus* und höchstrichterlicher Rechtsprechung in den Überschuldungsstatus mit aufzunehmen.

Begründung dafür ist, daß sich oft erst im Lauf eines Verfahrens herausstellt, ob es sich tatsächlich um eigenkapitalersetzende Darlehen handelt, so daß sogar eine Zulassung zum Verfahren nicht ausgeschlossen wird.[37]

---

32   Vgl. Braun/Uhlenbruck (1997), aaO, S. 32
33   Vgl. Paulus, Chr. (2003), aaO
34   Vgl. ebenda
35   Vgl. Paulus, Chr. (2003), aaO, S. 35; vgl. Braun/Uhlenbruck (1997), aaO, S. 389
36   Vgl. ebenda
37   vgl. Braun/Uhlenbruck (1997), aaO, s. 298

4.2.3 Aussonderungsberechtigte Gläubiger (§§ 47f. InsO)

Sie haben einen maßgeblichen Anspruch auf Herausgabe von Vermögen n. den §§ 546, 604 BGB, das im vollstreckungsrechtlichen Sinn gar nicht zum Vermögen des Schuldners gehört. Dieser konkretisiert sich in einem dinglichen wie auch persönlichen, rein schuldrechtlichen Anspruch n. § 985 BGB (Anspruch auf Herausgabe des Eigentums) sowie in einem auf Verschaffung gerichteten Anspruch.[38]

§ 35 InsO knüpft in seinem Wortlaut an, indem er klar die "Soll-Masse" vor Eröffnung des Insolvenzverfahrens um diese VG's bereinigt, die eben nicht dem Schuldner gehören, um als Ausgangsbasis für das Verfahren die sogenannte "Ist-Masse" zu erhalten.[39]

4.2.4 Absonderungsberechtigte Gläubiger (§ 49ff. InsO)

Sie werden auch als gesicherte Gläubiger bezeichnet und gehören einer privilegierten Gruppe an, die sich 'in toto'[40] aus dem aktuellen Vermögen des Schuldners befriedigen können. Reicht das Vermögen des Gläubigers nicht aus, so steht ihm für den Restbetrag eine ungesicherte Gläubigerposition zu. Übersteigt jedoch der Erlös seine realen Ansprüche, so fließt der überschüssige Betrag wieder in die allgemeine Insolvenzmasse zurück und kommt somit den anderen Gläubigern zugute.

Die Forderung ist also insolvenzfest und tritt in Form eines dinglich gesicherten Rechts wie z.B. Pfandrecht, Sicherungseigentum, Grundschuld, Forderungsabtretung, als sog. Realsicherheit, auf.

Dem zugrunde liegt der Tatsache, die der GesG als *Marktkonformität des InsR* bezeichnet. Einst rechtsgeschäftlich einwandfrei Vereinbartes darf nicht verzerrt werden.

Der gesicherte Gläubiger ist von Natur aus (§ 38 InsO) kein Insolvenzgläubiger und nimmt dem zufolge auch nicht am Verfahren teil. Insofern war es geübte und geläufige Praxis das Gut des Interesses aus dem UN zu entfernen, ohne Rücksicht auf eine ausschlaggebende, tragende Rolle, die es

---

38 Vgl. Paulus, Chr. (2003), aaO, S. 32f.
39 Vgl. ebenda
40 'in toto' meint in vollem Umfang

möglicherweise im Unternehmensverbund zu erfüllen hatte. Solch eine Handhabung wird als *Präjudizierung[41] auf die Liquidation* bezeichnet.

Mit der InsO sind diese Gläubiger mit in das Verfahren integriert worden, wobei sie einen adäquaten Ausgleich für die verzögerte Freigabe oder den Einbehalt des Gegenstandes aus der Masse abgegolten bekommen mußten (§ 172 InsO). Andernfalls wäre es zu einem unberechtigten Vorteil der ungesicherten Gläubiger gekommen.[42]

4.2.5 Das Insolvenzgericht

Es ist gem. § 2 Abs. 1 InsO eine Abteilung des Amtsgerichts, in dessen Bezirk ein Landgericht ansässig ist.[43] Nach § 3 InsO bestimmt sich der Sitz nach dem allgemeinen Gerichtsstand des Schuldners (§§ 13ff. InsO). Übereinstimmend mit der KO ist das Insolvenzgericht auch der Einzelrichter am Amtsgericht und der/die Rechtspfleger/In.[44]

Nach *Paulus* ist auf das Insolvenzverfahren, solange die InsO nichts Gegenteiliges vorsieht, die Vorschriften der ZPO anzuwenden (§ 4 InsO).

Gegensätzlich dazu *Braun/Uhlenbruck*. Sie stützen sich auf den § 240 ZPO, der durch Art. 18 EGInsO neu geregelt worden ist.[45]

---

41 meint eine Vorwegnahme
42 Vgl. alles Paulus, Chr. (2003), aaO, S. 33f.
43 Vgl. ebenda; vgl. Breuer, W. (2003), aaO, Rndnr. 6 1
44 Vgl. Braun/Uhlenbruck (1997), aaO, S. 177f.
45 Vgl. ebenda, S. 33

Er besagt, daß im Falle einer Verfahrenseröffnung das Verfahren, wenn es denn die Insolvenzmasse betrifft, unterbrochen wird bis es nach den für das Insolvenzverfahren geltenden Vorschriften fortgesetzt oder aber eingestellt wird.[46]

Die Aufgaben des Gerichts sind auf die Kontrolle des korrekten Verfahrensablauf beschränkt. Entscheidungen über Streitfragen werden nicht durch das Insolvenzgericht sondern durch Inanspruchnahme der Spezialkenntnisse der einzelnen Gerichtsbarkeiten getroffen. Dabei besteht die Gefahr einer Rechtszersplitterung des Einheitlichen.[47]

4.2.6 Der Insolvenzverwalter

Er wird vom Gericht n. § 27 Abs. 1 S 1 InsO im Eröffnungsbeschluß bestellt. Nach § 56 Abs. 1 InsO ist hierfür eine geeignete, insbesondere geschäftskundige und von Schuldner und Gläubigern unabhängige natürliche Person zu bestellen.[48]

I.d.R. sind dies in wirtschafts- und insolvenzrechtlichen Fragestellungen versierte Rechtsanwälte, Wirtschaftsprüfer oder Steuerberater. Personenmehrheiten oder juristische Personen scheiden dagegen aus.[49]

Ihm wird n. § 80 InsO die Verwaltungs- und Verfügungsbefugnis übertragen, was ihn zur Zentralfigur des Verfahrens macht, die die Aufgabe hat, die Interessen der Beteiligten zu wahren.[50]

Mit Eröffnung des Verfahrens geht die externe RL-Verpflichtung und die Entrichtung von u.a. Steuern und Abgaben auf ihn über. Dabei ist sein Aufgabenspektrum sehr umfangreich und vielseitig. Insolvenzrechtlich ist er u.a. für die Konstruktion eines Plans n. § 217ff. InsO zuständig.

---

46   Vgl. Braun/Uhlenbruck (1997), aaO, S. 33
47   Vgl. Paulus, Chr. (2003), aaO, S. 36
48   Vgl. Breuer, W. (2003), aaO, S. 21
49   Vgl. ebenda
50   Vgl. Braun/Uhlenbruck (1997), aaO, S. 182

Oftmals erfolgt die Ernennung zum Insolvenzverwalter über die vorgesetzten Stufen der Bestellung eines Gutachters, der gem. eingereichtem Antrag zur Überprüfung der rechtmäßigen Vorlage eines Insolvenzgrundes herangezogen wird. Dieser wird dann zum vorläufigen Verwalter und nach Eröffnung des Verfahrens zum endgültigen Insolvenzverwalter bestellt.

Somit ist eine angemessene Einarbeitungszeit in Besonderheiten des Schuldnerunternehmens und -vermögens gegeben.[51]

Die vorzeitige Auswahl eines Gutachters, der später die Stellung des IVerw einnimmt, birgt für diesen die Sicherheit einen Teil seiner zugegebenermaßen nur begutachtenden Tätigkeit nach dem ZSEG abgegolten zu bekommen.[52]

Im Fall einer Liquidierung aber steht die Vergütung nach InsVV, weil Insuffizienz der Masse, nicht selten zur Disposition. Somit ist eine vorgeschaltete Funktion schon aus diesem Grund für denselben ratsam.[53]

In der Diskussion taucht auch immer öfter die Institution der Eigenverwaltung gem. §§ 270ff. InsO nach dem amerikanischen Vorbild eines "debtor in possession" (dip) auf[54], der allerdings sowohl von Praktikern als auch von den Rechtsverfahrensbeteiligten (Richtern etc.) mit großer Skepsis betrachtet wird.

Diese scheint in Anbetracht des kostensparenden Argumentes zugunsten der Masse wie auch aus der sicheren Erkenntnis, daß niemand ein UN so gut kennen kann wie sein Eigentümer oder GF, nicht gerechtfertigt.

Renommierte praktizierte Beispiele hierfür sind das Kirch-Media als auch das Babcock-Borsig-Verfahren, die als Anlaß und zum Vorbild für ein Umdenken genommen werden könnten.[55]

---

51 Vgl. Paulus, Chr. (2003), aaO
52 Vgl. Braun/Uhlenbruck (1997), aaO, S.277f.
53 Vgl. ebenda
54 Vgl. Paulus, Chr. (2003), aaO
55 Vgl. ebenda

4.2.7 Die Gläubigerversammlung

Die Gläubigerversammlung besteht aus sämtlichen Gläubigern.

Sie wird n. §§ 74, 75 InsO vom Insolvenzgericht einberufen, wobei sie bei Uneinigkeit gem. § 77 Abs. 2 S 2 InsO über das Stimmrecht entscheidet.

Beschlüsse deR Gläubigerversammlung können vom Insolvenzgericht insofeRn aufgehoben werden, als daß dies von legitimierten Personen des Verfahrens beantragt wird.[56]Zahlreiche Aufgaben sind diesem Gremium zugeordnet.

So kann es z.B. n. § 57 InsO den Insolvenzverwalter bis zum Zeitpunkt des Berichtstermins vor Gericht abwählen.[57]

Im Anschluß an diesen Termin entscheidet die Versammlung über den Fortgang des Verfahrens. Geleitet werden die Versammlungen vom Insolvenzverwalter.

Beschlüsse sind n. § 76 InsO mit der Summenmehrheit der Forderungen der abstimmenden Gläubiger zu fassen, wobei jeder Gläubiger ein Stimmrecht hat. Nachrangige Gläubiger haben kein Stimmrecht (§ 77 Abs. 1 S 2 InsO). Anders jedoch die absonderungsberechtigten Gläubiger, die mit ins Verfahren einbezogen worden und demnach auch auf ein Stimmrecht zurückgreifen können.[58]

4.2.8 Der Gläubigerausschuß

Diese Institution ist lediglich eine Option. Sie wird n. § 67 InsO noch vor dem Berichtstermin vom Insolvenzgericht eingesetzt. Er wird von Gläubigerrepräsentanten besetzt, die nicht selbst Gläubiger im Insolvenzverfahren sein müssen. Vielmehr wird mit diesem Gremium der Zweck verfolgt, Spezialisten ihres Gebietes zu einer sachdienlichen Entscheidungsfindung zu bewegen, im Sinne einer gemeinnützigen Gläubigergesamtbefriedigung.[59]

---

56   Vgl. ebenda, aaO, S. 203f.
57   Vgl. Schulze & Braun/PWC (o. D.): Übersicht des Unternehmensinsolvenzverfahrens in: Unternehmensbroschüre; vgl. Paulus, Chr. (2003), aaO, S. 35
58   Vgl. ebenda
59   Vgl. Paulus, Chr. (2003), aaO; vgl. Breuer, W. (2003), aaO, Rndnr. 104ff.

Aufgabe des Organs ist die Kontrolle und Unterstützung des Insolvenzverwalters n. § 69 InsO.[60]

Die Einrichtung des Ausschusses rentiert sich bei einem halbwegs komplexen Verfahren und einigermaßen großer Anzahl von Gläubigern, so daß einem allzu großen Zeitdruck begegnet werden kann.[61]

Es ist ein Gebot der Praktikabilität, wichtigste Alltagsentscheidungen des Verwalters mit dem kleineren Kreis des Gläubigerausschusses, als repräsentatives Organ der Gläubigerversammlung, abzustimmen.[62]

---

60 Vgl. Paulus, Chr. (2003), aaO
61 Vgl. ebenda
62 Vgl. Paulus, Chr. (2003), aaO

5. Die Insolvenztatbestände (Eröffnungsgründe)

5.1 Die Zahlungsunsunfähigkeit (§ 17 Abs. 1 InsO)

Der Eröffnungsgrund der "Zahlungsunfähigkeit" ist in § 17 Abs. 1 InsO festgesetzt. Seine erstmalige Legaldefinion n. § 17 Abs. 2 lautet: „Der Schuldner ist zahlungsunfähig, wenn er nicht in der Lage ist, die fälligen Zahlungspflichten zu erfüllen. Zahlungsunfähigkeit ist i.d.R. dann anzunehmen, wenn der Schuldner seine Zahlungen eingestellt hat."

Antragsberechtigt sind n. § 13 InsO Schuldner und Gläubiger gleichermaßen[63], wobei vom Gläubiger n. § 14 InsO eine ausführliche Glaubhaftmachung seiner Forderung und des Eröffnungsgrundes zu fordern ist.[64]

Mittel der Glaubhaftmachung können sein: alle präsenten Beweismittel sowie die eidesstattliche Versicherung (§§ 4 InsO, 294 Abs. 1 ZPO). Voraussetzung ist ein berechtigtes Interesse an einer Verfahrenseröffnung.[65]

Da weitere Ausführungen den Umfang der Arbeit sprengen dürften, verweise ich auf die Referenzliteratur von *Braun/Uhlenbruck*, die sich mit dieser Thematik eingehender beschäftigt.

---

63 Vgl. Breuer, W. (2003), aaO, Rndnr. 115
64 Vgl. ebenda, Rndnr. 123,125
65 Vgl. ebenda

5.2 Die drohende Zahlungsunfähigkeit (§ 18 Abs. 1 InsO)

Der Verfahrensauslöser der "drohenden Zahlungsunfähigkeit" ist als Novum der Gesetzesreform in § 18 Abs. 1 InsO niedergeschrieben. Seine Legaldefinition hat er in § 18 Abs. 2 InsO.

Demnach droht ein Schuldner zahlungsunfähig zu werden, wenn er voraussichtlich nicht in der Lage sein wird, die bestehenden Zahlungspflichten i.Z.d. Fälligkeit zu erfüllen. Allerdings gibt es in diesem Fall zwei aussagekräftige Unterschiede zu den beiden anderen Tatbeständen der Insolvenz:[66]

(a) Keine *Pflicht* zur Beantragung des InsV's sondern lediglich ein *Recht* oder eine sog. *Auslöseoption* zur Inanspruchnahme des Schutzes, den ein gerichtliches InsV bietet.[67]

(b) Nur Anträge des Schuldners auf Eröffnung wegen "drohender Zahlungsunfähigkeit" sind möglich, da ansonsten der Ruf des UN's und dasselbe als solches durch externen Druck, in Form eines Insolvenzantrags, stark beeinträchtigt werden kann und somit bereits im Vorfeld der Insolvenz die tatsächliche, spätere Realisation derselben nur noch eine Formalie darstellen würde.[68]

Ziel des GesG war es, mit der Reform des InsR für einen zeitlich früheren Eintritt in das Insolvenzverfahren und eine höhere Eröffnungsquote[69] sorgen zu wollen, die auf freiwilliger Auslösung Seitens des Schuldners setzte.

Auf weiterführende Literatur wird seitens *Braun/Uhlenbruck* und *Drukarcyk/Schüler* verwiesen.

5.3 Die Überschuldung (§ 19 Abs. 1 InsO)

Der Tatbestand der Überschuldung findet in § 19 Abs. 1 InsO seine gesetzliche Begründung.

---

66 Vgl. Braun/Uhlenbruck (1997), aaO, S. 283f
67 Vgl. ebenda
68 Vgl. ebenda; vgl. auch Drukarcyk/Schüler (2003): Insolvenztatbestände, prognostische Elemente und ihre gesetzeskonforme Handhabung in: Wirtschaftsprüfung (WPg), Heft 3, Düsseldorf, S. 56f.
69 Vgl. ebenda; vgl. Angele, J. (2002), aaO, S. 465

Bei beschränkt haftenden Gesellschaften des Handelsrechts sowie sonstigen juristischen Personen auch wird dem Antragsteller, ausschließlich dem Schuldner, eine sog. *3-Wochen-Frist* eingeräumt, innerhalb derer nur antragspflichtige Personen einer Gesellschaft spätestens auf diesen Insolvenzeröffnungsgrund hin, hinlänglich aber unverzüglich ab Bekanntwerden, einen Insolvenzantrag stellen müssen.[70]

Tun sie dies nicht so kommen auf sie neben zivilrechtlichen Schadensersatzansprüchen auch strafrechtliche Konsequenzen zu.[71]

Für die AG sind diese in § 401 Abs. 1 Nr. 2 AktG unter Voraussetzung der Mißachtung der §§ 92 Abs. 2, 94, 268 Abs. 2 S 1 AktG und für die GmbH analog in § 84 Abs. 1 Nr. 2 GmbHG bei Verstoß gegen §§ 64 Abs. 1 oder evtl. 71 Abs. 4 GmbHG[72] mit einer Freiheitsstrafe von bis zu drei Jahren oder mit Geldstrafe belegt.[73]

Nach § 207 KO ist die Überschuldung, neben der Zahlungsunfähigkeit (§ 102 KO) besonderer Konkursgrund.[74]

Definitorisch ist für die Kapitalgesellschaften die "Überschuldung" von der "Unterbilanz", die da aussagt, daß das Reinvermögen (Summe Aktiva ./. Schulden) die EK-Ziffer nicht mehr deckt, und somit schnell zur "Überschuldung" konvertieren kann, als auch von der Begrifflichkeit der "Unterkapitalisierung" abzugrenzen.[75]

Letztere hat eine ebenso andere Bedeutung, auf die ich an dieser Stelle verzichten möchte, da nicht themenrelevant.[76]

Die gesetzliche Definition der Überschuldung

Sie ist gesellschaftsformabhängig u.a. in den §§ 64 Abs. 1 S 2 GmbHG, 92 Abs. 2 S 2 AktG geregelt. Mit Inkrafttreten der InsO trat systemkonform die Legaldefinition des § 19 Abs. 2 InsO in Kraft.

---

70 Vgl. Braun/Uhlenbruck (1997), aaO, S. 286; vgl. Hüffer, U. (1997): § 92 AktG, 3. Auflage, München, Rndnr. 9,10; vgl. auch Kuhn/Uhlenbruck (1994): Konkursordnung, § 102 Komm., 11. Auflage, München, § 103, Rndnr. 9

71 Vgl. ebenda

72 Vgl. Breuer, W. (2003), aaO, Rndnr.120

73 Vgl. Braun/Uhlenbruck (1997), aaO, S. 30

74 Konkurs meint immer Insolvenz; vgl. Hüffer, U. (1997), aaO

75 Vgl. Braun/Uhlenbruck (1997), aaO; vgl. auch Hachenburg/Ulmer (1997): GmbHG, § 63 Komm., Bd. 3, 8. Auflage, Berlin, Rndnr. 24

76 Vgl. Braun/Uhlenbruck (1997), aaO; vgl. Hachenburg/Ulmer (1997), aaO

Somit liegt Überschuldung vor, wenn : „ das Vermögen des Schuldners die bestehenden Verbindlichkeiten nicht mehr deckt" (§ 19 Abs. 2 S 1)[77] und wird ergänzt um den Satz 2: „ Bei der Bewertung des Vermögens des Schuldners ist jedoch die Fortführung des UN´s zugrunde zu legen, wenn diese nach den Umständen wahrscheinlich ist"(§ 19 Abs. 2 S 2).

Mit dieser Neuregelung, die als Vorlage den bereits in Literatur und Rechtsprechung angewandten "modifizierten, zweistufigen Übeschuldungsbegriff" (siehe auch Gliederungspunkt 5.2.1) hatte, wollte der GesG die Trennung von Fortführungsprognose und rechnerischer, "bilanzieller" Überschuldung aufheben und somit einen Schutz gegen Fehlprognosen bieten, der von *Schmidt* allerdings als unrealistisch angezweifelt wird.[78]

Er sieht in der Erweiterung weniger eine Änderung in der Sache als vielmehr eine formelle Unterscheidung zum ehemaligen Wortlaut.[79]

Unabhängig davon wird die Fortführungsprognose weiterhin Mittelpunkt der Überschuldungsfeststellung bleiben.[80]

Eine Unterscheidung zwischen der "modifizierten zweistufigen Methode" und der gesetzlichen, in § 19 Abs 2 S 2 festgehaltenen, Methode liegt allenfalls in der Funktion des Überschuldungsstatus. Er wäre im ersten Fall bei positiver UN-Fortführung gar nicht aufzustellen, es sei denn man wolle eine Überschuldung auch nach *nFFP* ausschließen, indem festgestellt würde, daß selbst die Zerschlagungswerte noch die Unternehmensverbindlichkeiten decken.[81]

Die Überschuldungsbilanz basierte demnach auf einer *nFFP*, die den Ansatz von Teilwerten vorsah.[82]

Die Methode in § 19 Abs. 2 S 2 legt dagegen von vornherein, eingeschränkt eine *pFFP* zugrunde, was zu einer Gesamtbewertung führt.[83]

---

77 Vgl. Braun/Uhlenbruck (1997), aaO, S.286
78 Vgl. Scholz/Schmidt (2002): § 63 GmbHG 2. Bd., Großkomm., §§ 45-87, Köln, Rndnr. 16f.
79 Vgl. ebenda
80 Vgl. Scholz/Schmidt (2002), aaO, Rndnr. 20
81 Vgl. ebenda
82 Vgl. ebenda
83 Vgl. ebenda

Ein vorgeschriebener, nach betriebswirtschaftlichen Methoden aufzustellender Finanz- und Ertragsplan[84] wird in der Praxis selten benötigt, da die Prognose in vielen Fällen evident positiv oder ebenso negativ ausfällt.[85]

---

84 Vgl. Baumbach/Hueck/Schulze-Osterloh (1988): § 63 GmbHG Bd. 20, 15. Auflage, München, S. 1134
85 Vgl. ebenda

6. Der Überschuldungsstatus

6.1 Begriffsdefinition

Er beschreibt die Rechnung, die die Überschuldung eines Unternehmens in übersichtlicher Form darstellt.

Synonyme, die häufig äquivalent gebraucht werden, sind: Überschuldungs-bilanz als auch der allgemein verwandte Begriff der Vermögensübersicht oder der Vermögensrechnung, -bilanz.

Die Insolvenz-/Konkurseröffnungsbilanz (KEB), die ihre Definition ursprgl. in § 124 KO[86]hat, wird ebenso, oftmals gleichbedeutend, ver-wandt. Dies ist aber nur unter der Prämisse einer aufgestellten *nFFP* zuläs-sig, die die Auflösung des UN´s vor Augen hat.

Die Überschuldungsbilanz ist eine Sonderbilanz, die jenseits der regelmä-ßig anfallenden Jahresbilanz zur Prüfung des Vorliegens einer Überschul-dung aufzustellen ist. Als Mittel zur Zielerreichung der rechtzeitigen Ver-fahrenseröffnung, das zur Maßgabe eine realistische Bewertung der vor-handenen Vermögenswerte des Unternehmens (UN) hat.[87]

Der Begriff der Vermögensübersicht wird in § 153 InsO als Instrument der internen Rechnungslegung einschlägig beschrieben. Sie ist eine statische Zeitpunktrechnung.[88]

Sie wird als solche vom organschaftlichen Vertreter oder aber Abwickler aufgestellt und weist den Eröffnungsgrund nach. Die KEB dagegen wird vom Insolvenzverwalter zum Zeitpunkt der Eröffnung des Insolvenzverfah-rens aufgestellt.[89]

---

86 Vgl. Braun/Uhlenbruck (1997), aaO, u.a. S. 529
87 Vgl. ebenda, S. 292f.
88 Vgl. ebenda, S. 532
89 Vgl. Veit, K.R (1982): Die Konkurseröffnungbilanz, Köln, S. 30; vgl. Balz/Landfermann (1995), aaO, S. 261

6.2 Der Überschuldungsstatus als Mittel zur Überschuldungsprüfung

Es haben sich im Schrifttum *zwei* Feststellungsmethoden zur Prüfung der Überschuldung etabliert:

6.2.1 Die "modifizierte" zweistufige Prüfungsmethode

Sie geht vornehmlich auf *Karsten Schmidt*[90] und auch *Peter Ulmer* zurück und sieht eine solche dann als gegeben an, wenn eine entsprechende Bilanz mit Liquidationswerten erstellt wird und eine Fortführungsprognose über den Eintritt dieses insolvenzrechtlichen Eröffnungsgrundes nach der InsO entscheidet.

Somit liegt eine gesetzliche Überschuldung n. § 19 Abs. 2 InsO erst dann vor, wenn *beide* Tatbestände kumulativ erfüllt sind. Bsp.: Eine Prüfung der rechnerischen Überschuldung (exekutorisches Element) erübrigt somit die Verifizierung einer *negativen Fortführungsprognose* (prognostisches Element) als zweites Prüfungselement. Die Überschuldung liegt de facto vor. Es ist demnach keine Reihenfolge der Prüfungselemente vorgegeben, denn sie sind bestehen selbständig und gleichgewichtig nebeneinander.[91]

Bsp.: Gelangt der Schuldner (oder analog organschaftliche Vertreter) zum Ergebnis einer *positiven Fortführungsprognose*, so kann keine Überschuldung vorliegen.

Diese Lehrmeinung wird in der neueren BHG-Rechtsprechung wie auch einschlägigen Literatur favorisiert.

---

90   Vgl. Schmidt/Scholz (1995): GmbHG, § 63 Komm., Köln, Rdnr. 10; Schmidt, K. (1980) in: ZIP, S. 233ff.; ders. (1985) in: ZIP, S. 713
91   Vgl. Braun/Uhlenbruck (1997), aaO, S. 291

6.2.2 Die zweistufige (alternative) Prüfungsmethode

Auch sie geht von der Existenz der zwei selbständigen Elemente der Prüfung aus. Allerdings gibt sie die unabdingbare Reihenfolge der Prüfung vor, indem vorerst die Vermögenswerte nach Liquidationswerten in der Sonderbilanz anzusetzen sind.

Eine rechnerische Überprüfung (exekutorischer Part) stellt fest, ob das Schuldnervermögen die Schulden (Aktiva < Passiva) desselben deckt. Im Anschluß daran beeinflußt die entsprechend vorgenommene Prognose (positiv oder negativ) die Bewertung der einzelnen Posten (prognostisches Element).

Liegt eine rechnerische Überschuldung vor, so kann erst eine negative *FFP* Aufschluß über das Vorliegen einer rechtlichen Überschuldung geben.

Ist diese gegeben, so muß im ersten Schritt eine Umstellung der Bewertung von *Liquidations- auf Zerschlagungswerte* erfolgen. Bei einer positiven erfolgt die Bewertung nach *Betriebsbestehens(FF-)Werten* in Anlehnung an das "Going-concern-concept", durch eine entsprechende Wertaufholung ausgehend von den ursprünglich angesetzten *Liquidationswerten.*

Ist nun der Fall eingetreten, daß trotz Korrektur der Werte eine rechnerische Überschuldung immer noch vorliegt, so spricht man von einer eingetretenen rechtlichen Überschuldung.

Diese Methode gibt die herrschende Meinung (hM), die vom Gesetzgeber geteilt wird, wider. [92]

Eine dritte Herangehensweise, die auch als "kombinierte oder kumulierte" Methode bezeichnet wird, eine etwaige Überschuldung festzustellen, beschreibt *Wolf*, der davon ausgeht, daß vom Schuldner nebeneinander zwei Überschuldungsstaten, unter Berücksichtigung der jeweiligen Prognose, aufgestellt werden, demnach einmal unter negativem Gesichtspunkt mit den *Liquidationswerten* und einmal unter Positivem nach *Betriebs- oder FF-Werten.*

---

92   Vgl. alles Braun/Uhlenbruck, aaO, S. 288f.

Für beide werden nun, jeweils in der Gegenüberstellung von Aktiva und Passiva, die Berechnungen ergeben, ob eine rechtliche Überschuldung vorliegt.[93] Diese sei ergänzend als dritte von sechs (zählt man die Prüfung n. der InsO mit) Variationen angesprochen.[94]

6.2.3 Die Überschuldungsprüfung nach der Insolvenzordnung

Bereits beim RegEntw der neuen Insolvenzordnung konnte erahnt werden, daß die Formulierung des § 19 Abs. 2 Satz 1 InsO nicht für sich stehengelassen werden konnte.[95] Somit war offensichtlich, daß eine positive FFP nicht als "Allheilmittel" oder Garant für eine nicht vorhandene Überschuldung herhalten konnte.

Der Rechtsausschuß des Deutschen Bundestages hat in einer Ergänzung in Form eines 2. Satzes in § 19 Abs. 2 InsO keinen Zweifel aufkommen lassen, daß auch bei positiver Aussicht des Unternehmensfortbestandes nicht von vornherein eine Überschuldung ausgeschlossen werden dürfte. Instruktiv wurde bereits im Ausschußbericht zu § 23 Abs. 2 RegEntw[96] (dem späteren § 19 InsO) bemerkt, daß bei Verneinung einer Überschuldung aufgrund einer positiven Prognose, eine Unternehmung, trotz fehlender persönlicher Haftung, weiter wirtschaften könne, ohne daß ein die Schulden deckendes Kapital zur Verfügung stünde.

Diese Tatsache barg ein benachteiligendes Risiko für die Gläubiger der betreffenden Gesellschaft bei sich nicht bewahrheitender Prognose.

Dieses Bewertungsproblem (Regelungslücke) wurde durch § 19 Abs. 2 Satz 2 behoben.[97]

Nach *Schmidt* verstößt niemand schuldhaft gegen § 64 GmbHG, der eine ungeschminkte *FF-* und Solvenz-*Prognose* unter der Maßgabe der objektiven Unrichtigkeit in den Mittelpunkt seiner Prüfungen stellt.[98]

---

93   Vgl. Wolf, T. (1995): Bewertung von Vermögensgegenständen im Überschuldungsstatus in: DStR, Heft 22, Ort, S. 859f.
94   Vgl. IDW(Hrsg.)(1992), aaO, Rndnr. T 21
95   Vgl. Braun/Uhlenbruck (1997), aaO, S. 291f.
96   Vgl. Balz/Landfermann (1995): Die neuen Insolvenzgesetze, Düsseldorf, S. 93
97   Vgl. Braun/Uhlenbruck (1997), aaO
98   Vgl. ebenda, S. 292

6.3 Zeitpunkt der Einreichung der Überschuldungsbilanz beim Insolvenzverwalter

Es muß unterschieden werden zwischen dem Vermögensverzeichnis n. § 153 InsO, als Mittel der internen Rechnungslegung (iRL) und der (Insolvenz-) Konkurseröffnungsbilanz n. § 124 KO als Medium der externen Rechnungslegung (eRL). Erstere ist vom Schuldner oder Schuldnervertreter/Abwickler nahe dem Zeitpunkt der Antragstellung aufzustellen[99]. Dies belegt auch das im Anhang ergänzte Diagramm des Insolvenzverfahrens nach *Schulze & Braun (SchuBra)*.[100]

Es ordnet die Darlegung des Eröffnungsgrundes (die in Form einer Überschuldungsbilanz nachgewiesen werden kann) als auch die Möglichkeit der Einreichung eines Insolvenzplanes zur Umsetzung von Maßnahmen des Erhalts und der Fortführung des UN's nah der Antragsstellung (§ 13 InsO) an.

Diese Einreichung würde durch den Schuldner beim zuständigen Insolvenzgericht erfolgen, worauf das Eröffnungsverfahren eingeleitet wird.

Dieses prüft das Vorliegen der Eröffnungsvoraussetzungen n. §§ 17,18,19 InsO.

Im Eröffnungsverfahren werden durch den Einzelrichter vom vorläufigen IVerw die notwendigen Unterlagen und Informationen eingefordert. Dies bedeutet, daß spätestens jetzt eine (Insolvenz-) Konkurseröffnungbilanz (n. § 124 KO) durch den vorläufigen Insolvenzverwalter eingereicht werden muß, der die Überschuldungsbilanz als Grundlage gedient hat bzw. mit ihr, ggf. geringfügig modifiziert, übereinstimmt.[101]

Ergibt die Prüfung der eingereichten Unterlagen begründeten Anlaß, d.h. liegt (n. § 16 InsO) der Tatbestand der Überschuldung vor, so ergeht ein Eröffnungsbeschluß (n. § 27 InsO), der das Verfahren der Insolvenz eröffnet.[102]

Es schließt sich, je nach individueller Situation, ein Regelinslvenzverfahren, Verbraucherinsolvenzverfahren o.ä. nach der InsO an.[103]

---

99   Vgl. Veit, K.R. (1982): Die Konkursrechnungslegung, Köln, S. 30
100   Vgl. Schultze & Braun/ PWC (Hrsg.)(o.D.), aaO
101   Vgl. ebenda; vgl. Balz/Landfermann (1995), aaO, S. 261
102   Vgl. Schultze & Braun/PWC (Hrsg.)(o. D.), aaO
103   Vgl. Breuer, W. (2003), aaO, Rndr. 451

6.4 Allgemeine Bewertungskriterien und Rechnungslegungsanforderungen in der Insolvenz

Die realistische Bewertung der Aktiv- und Passivposten ist im Grundsatz davon abhängig, ob durch das UN oder den organschaftlichen Vertreter eine *positive Fortführungsprognose (pFFP)* oder aber eine *negative Fortführungsprognose (nFFP)* unterstellt wird.[104] Letztere würde die Existenzvernichtung des UN's bedeuten.

Im Fall der *negativen Fortführungsprognose* sind die VW'e zu ihren *Veräußerungswerten* (des Absatzmarktes) anzusetzen, wobei in einer KEB i. Z. mit der Insolvenz stehende Kosten mit berücksichtigt werden.[105]

Der Ermittlung der Liquidationswerte geht eine Begutachtung des UN-Konzepts sowie der Finanzplanung voraus, die die wahrscheinlichste Verwertungsart indiziert.[106]

Bei unumgänglichem Insolvenzantrag kommen im 'worst case' sogar *Zerschlagungswerte* in Betracht. Bei einer *pFFP* ist dem VG der grds. auf ihn entfallende Betrag anzugeben, der ihm als Bestandteil des Gesamtkaufpreises des UN's bei konzeptioneller Fortführung beizulegen wäre.[107] Die Beweislast für die Aufstellung und Richtigkeit der *FFP* obliegt dabei dem UN bzw. seinem(n) organschaftlichen Vertreter(n).[108]

Die VÜ n. § 153 InsO ist Teil des nunmeh zweiteiligen internen Rechnungslegungssystems der InsO. Ihm liegt das Verzeichnis der Massegegenstände, der Aktiva, zugrunde als auch das Gläubigerverzeichnis.

---

104 Vgl. Braun/Uhlenbruck (1997), aaO S. 293
105 Vgl. Fachausschuß Recht des IDW (1995): Entwurf einer Verlautbarung von Empfehlungen zur Überschuldungsprüfung in: Wirtschaftsprüfung (WPg), Jg., Heft 17, Düsseldorf, S.598f.
106 Vgl. ebenda
107 Vgl. Fachausschuß Recht (1995), aaO
108 Vgl. ebenda

Ein Inventar neben dem Vermögensverzeichnis der Massegegenstände ist nun, da gleichlautend, obsolet.[109]

Damit folgt der GesG einer gängigen Praxis nach altem Recht, die auf ein zusätzliches Verzeichnis bereits verzichtet hatte.[110]

Eng verbunden mit der Ausgestaltung der VÜ ist der "Gesetzeszweck" der InsO, der n. § 1 InsO diesen in der "gemeinen Befriedigung" der Gläubiger des Schuldners durch die Verwertung des Vermögens erfüllt sieht (Grundsatz der par creditio creditorum) oder alternativ die Vermögensteile in einen Insolvenzplan, als abweichendes Instrument, mit dem Ziel der Unternehmenserhaltung eingestellt wissen will.[111]

Die VÜ n. § 229 InsO basiert ungleich der n. § 153 InsO nicht auf einer Inventur, sondern aufgrund der zeitlichen und vom Plan verursachten Abweichung auf modifizierten, ergänzten auch gekürzten Angaben des § 153.[112]Sie ist die Aufstellung eines Insolvenzplanes.[113]

Mit Eröffnung des IV's beginnt für ein UN ein neues GJ. Es wird vom IVerw auf den Tag der Insolvenzeröffnung eine Schlußbilanz des "Rumpfgeschäftsjahres" erstellt, das an diesem Tag endet. Der JÜ/JF wird in die Schlußbilanz eingestellt.[114]

Der "Dualismus der Insolvenzzwecke": Liquidationsabwicklung und Verteilung des Vermögens oder abweichende Regelungen in einem Plan, zur Erhaltung des UN's, ist als Novum in § 151 Abs. 2 S 1 InsO erfaßt.[115]

Der IVerw ist demnach verpflichtet, den Wert des VG's getrennt auszuweisen ("doppelter Wert"), wenn er einen unterschiedlichen Betrag bei Fortführung (des UN's) oder Stillegung/Liquidation ausmacht.

Dies ist eine Neuerung, die mit der Insolvenzrechtsreform einhergeht.[116]

---

109 'obsolet' meint überflüssig; vgl. Pink, A. (1995): Insolvenzrechnungslegung, Köln, S. 78
110 Vgl. Pink, A. (1995), aaO, S. 77f.
111 Vgl. Braun/Uhlenbruck (1997), aaO, S. 530
112 Vgl. Braun/Uhlenbruck (1997), aaO, S. 532
113 Vgl. ebenda, S. 529
114 Vgl. ebenda, S. 533
115 Vgl. ebenda, S. 530
116 Vgl. ebenda, S. 531

*FFW*e in einer VÜ, die unter Zerschlagungsaspekten nur mit einem Erinnerungswert ansatzfähige VG′s enthält, sollen dem Gläubiger maßgeblich die auffälligen positiven Wertabweichungen bei UN-Fortführung vor Augen führen, die die Gläubiger für eine Planinitiative gem. § 157 S. 2 InsO gewinnen soll.[117]

Dieser *FFW* wird aber eben nur bei einer konkreten Planhypothese erkennbar sein.[118]

Somit wird das Informationsbedürfnis der Gläubiger (gem. § 1 InsO), denen die Entscheidungsbefugnis über wahlweise Fortführung oder Liquidation zukommt, Rechnung getragen. *Braun/Uhlenbruck* z.B. gehen in ihren Ausführungen ausschließlich von der *pFFP* aus.[119]

Wird für ein UN ein Insolvenzplan beschlossen, verlangt § 229 InsO die Bewertung der Aktiv- und Passivposten gem. der "going-concern"-Planprämisse.[120]

D. h. die VG′s und Schulden werden mit den Werten bewertet, die bei Wirksamkeit des Planes zu Grunde zu legen sind. Enthält der Plan z.B. Teilstillegungen, so sind für diesen Bereich dienende VG′s die *Going-concern*-Werte, üblicherweise also die Marktwerte anzusetzen.[121]

Die VÜ n. § 229 InsO setzt eine Befriedigung der Gläubiger aus den Erträgen des fortgeführten UN′s voraus.

Da es im Sinn des GesG ist eine einheitliche Terminologie zu verwenden, ist abzugleichen, ob nach den gesetzlichen Anforderungen des § 153 InsO diese VÜ inhaltlich identisch mit der n. § 229 InsO ist.

Die Letztere bezieht sich dabei auf einen bereits erwähnten Insolvenzplan, wobei das VV n. § 153 InsO in dieser Abgrenzung eine *allgemeine* VÜ für das gesamte Verfahren darstellt.[122]

Dem Anliegen des GesG wird allerdings entgegengehalten, daß eine Entscheidung über Auflösung oder Fortbestand wohl kaum nur auf der Aussagekraft einer einzigen VÜ beruhen kann.

---

117 Vgl. Braun/Uhlenbruck (1997), aaO, S. 532
118 Vgl. ebenda, S. 532
119 Vgl. ebenda
120 Vgl. ebenda, S. 528f.
121 Vgl. Braun/Uhlenbruck (1997), aaO, S. 529
122 Vgl. ebenda, S. 531

Eine Betrachtung der Aufstellung n. § 229 InsO kann aber nur zwingend sein, wenn ein entsprechender Plan überhaupt eingereicht wird, so daß die Frage nach einer (Regel-) Liquidation oder plangemäßen Abwicklung nur in dieser Abhängigkeit gestellt werden kann.

Ist dies geschehen, so kann das System der Informationsrechnungslegung beginnend mit § 151 Abs. 2 InsO vollständig nur in Verbindung mit § 229 InsO zu verstehen sein.[123]

Diese stellt ebenfalls wie auch § 153 InsO Teil einer iRL im Zug einer wegen Planeinreichung akut durch den Gläubiger zu treffenden Entscheidung nach § 1 InsO dar.[124]

Da mit Verfahrenseröffnung die Pflichten und Rechte des Schuldners auf den IVerw n. § 80 Abs. 1 InsO übergehen, hat sich dieser neben den Pflichten der iRL in Bezug auf das Insolvenzverfahren gleichfalls der eRL im Hinblick auf handels- und steuerrechtliche Aufgabenstellungen n. § 155 InsO für die Insolvenzmasse (auch "Ist-Masse") zu unterwerfen. Dies ist eine Neuerung, die bis 1999 bestehende Regelungslücke der Konkursordnung schließt.[125]

Die durch § 155 InsO beschreibenden Aufgaben bleiben von den insolvenzrechtlichen Vorschriften unberührt.[126]

Weitere Formvorschriften, die die Obliegenheiten des IVerw während des IV näher regeln, finden sich in den §§ 66,79,154,156,188,197 InsO.[127]

6.4.1 Ansatz der Bilanzpositionen im Überschuldungsstatus nach "pFFP"

Was die Aktiva der Überschuldungsbilanz anbetrifft, so sei bemerkt, daß im Rahmen der "Going-concern-Bewertung" nach der zweistufigen (alternativen) Prüfungsmethode (siehe Gliederungspunkt 5.2.2) stille Reserven, die sich aus unterschiedlichen Ansatz- und Bewertungswahlrechten ergeben und sich in der traditionellen Jahresbilanz in den angesetzten Bilanz-

---

123 Vgl. ebenda
124 Vgl. ebenda, S. 532
125 Vgl. Pink, A. (1995), aaO, S. 77
126 Vgl. Braun/Uhlenbruck (1997), aaO, S. 530
127 Vgl. Pink, A. (1995), aaO

werten mittelbar wiederfinden, hier aufgedeckt werden müssen.[128] Ebenso sind nach HGB tunlichst nicht bilanzierungsfähige oder aber sogar einem Bilanzierungsverbot unterworfene VG´s, soweit sie einzeln verwertbar sind,[129] mit dem *wahren,* realisierbaren Zeitwert anzusetzen, der in der Literatur allerdings kontrovers, da von einer subjektiven Erwartungshaltung geprägt, diskutiert wird.[130]

Vielmehr wird von zahlreichen Autoren ein am Gläubigerschutz orientierter Wertansatz für erforderlich gehalten, der führt man sich den internationalen RL-Ansatz lt. IAS vor Augen, dort praktiziert wird.[131]

So kommt es in der Praxis vor, daß Gläubiger die Fortführung eines überschuldeten, krisengeschüttelten Unternehmens erwägen oder beschließen, da dieses rentabel wirtschaftet.

Eine solide kaufmännische Beurteilung vor eben solchem Hintergrund vorausgesetzt.[132]

---

128 Vgl. Hüffer, U. (1997), aaO, Rndnr. 11; auch Baumbach/Hueck/Schulze-Osterloh (1988): GmbHG, § 63 Komm., 15. Auflage, München, Rndnr. 20
129 Vgl. Fachausschuß Recht des IDW (1995), aaO; vgl. auch Braun/Uhlenbruck (1997), aaO
130 Vgl.Wolf, T. (1995), aaO, S. 859f.
131 Vgl. Schiller, A. (2002), aaO
132 Vgl. Fachausschuß Recht des IDW (1995), aaO

6.4.2 Ansatz der Aktivposten (über *Braun/Uhlenbruck*)

Grundsätzlich statuieren *Braun/Uhlenbruck* , daß urspr. nach Deutschem Handelsrecht nicht aktivierungsfähige Gründungs-, Kapitalbeschaffungs- und Ingangsetzungskosten auch nach Insolvenzrechnungslegungsvorgaben außer Betracht zu lassen sind.[133] Kontrovers dazu *Fischer,* der die Meinung vertritt, daß auch ehemalige Ingangsetzungskosten zur Inbetriebnahme des UN´s in angemessener Weise zu berücksichtigen sind, soweit sie für die zukünftige Entwicklung noch einen Wert darstellen.[134]

Dabei sind in notwendigem Maße Abschreibungen vorzunehmen, um einen allzu positiven, verfälschenden Ansatz zu vermeiden.

Ansprüche, die gleichwertige Gegenansprüche bedingen, wie z.B. Anfechtungslagen, deren Realisierung, ähnlich den Sozialplanansprüchen n. §§ 112,113 BetrVG, auf die Zukunft gerichtet ist, sind, gleich allen zukünftigen Forderungen, nicht anzusetzen.[135]

Ebenso Kosten der laufenden Neu- und Fortentwicklung der Produkte und Produktionsverfahren.

Nach *Fischer* ist zu differenzieren. Zum einen nach Kosten, die aufgrund eines erteilten speziellen Auftrags Dritter und nach solchen, für freie und oder allgemeine Entwicklungsarbeiten.[136]

Reale Forderungen gegen den Auftraggeber, die demnach durch auftragsgebundene Entwicklungsarbeiten entstehen, sind, so realisierbar, in der Überschuldungsbilanz anzusetzen. Freie Kosten sind dagegen nur bei einem greifbaren Entwicklungsergebnis zu aktivieren.[137]

Wird dieses nicht in absehbarer Kürze erwartet, so käme es bei unterstellter Aktivierung zu einer noch vorzeitigeren Überschuldung, weil zusätzliche Belastung.[138]

---

133 Vgl. Braun/Uhlenbruck (1997), aaO, S. 294f.; abwägend für Betriebseinrichtungskosten vgl. Mertens, (1996): AktG, § 92 Kölner Großkomm., Bd. 2, 2. Auflage, Köln, Anm.16; vgl. Veit, K.R. (1982): Die Konkursrechnungslegung, Köln, S. 31

134 Vgl. Fischer, W. (1980): Die Überschuldungsbilanz, Köln, S. 119

135 Vgl. Braun/Uhlenbruck (1997), aaO, S. 294; vgl. auch Scholz/Schmidt (2002), aaO, Rndnr. 26

136 Vgl. Fischer, W. (1980), aaO, S. 117

137 Vgl. ebenda

138 Vgl. Fischer, W. (1980), aaO

Exkurs: In der internationalen RL (den IAS) ist letzteres im Bereich der Bewertung der Forschungs- und Entwicklungskosten möglich, da dort der Grundsatz der periodengerechten Abgrenzung und Gewinnermittlung im Sinne eines "True and Fair Value"-Prinzips greift, der für Kosten bis zur Erlangung der Marktreife eines Produktes, die technische Realisierbarkeit, die Marktfähigkeit in Form eines vorhandenen Marktes für den VG sowie die notwendigen finanziellen Mittel als notwendigerweise vorhanden vorschreibt. Ende Exkurs:[139]

Gem. der insolvenzrechtlich vorgegebenen Methode in § 19 Abs. 2 InsO erfolgt eine *Gesamtbewertung* des UN's, d.h. ist die Gesamtverwertung eines UN's überwiegend wahrscheinlich (§ 19 Abs. 2 S 2 InsO), so ist sie bei der *Aktivenbewertung* zugrunde zu legen.

I.d.R. ist dabei vom *Gesamtwert* des UN's auszugehen. Andernfalls findet eine *Einzelbewertung* statt.[140]

Im Folgenden wird eine Übersicht der Aktivposten bei Einzelbewertungsmaßgabe gegeben, die dem Anspruch auf Vollständigkeit versucht gerecht zu werden:

Typische Vermögensteile bei Kapitalgesellschaften

➢ Ausstehende Einlagen auf das "gezeichnete Kapital" / Nachschüsse

Diese sind zu aktivieren, wenn mit ihrer Einbringlichkeit gerechnet werden kann.[141] *Berkhemer* knüpft den Ansatz an die Bedingung der Überprüfung der Zahlungsfähigkeit und -willigkeit der gesetzlich festgelegten Personen.[142]

Sie per sé[143] nicht anzusetzen hält dieser nach haftungsrechtlichen Gesichtspunkten für nicht vertretbar. Keine Bedingung gibt dagegen *Gottwald/Uhlenbruck* vor.[144] Was Nachschüsse der GmbH-Gesellschafter angeht, so besteht eine Nachschußpflicht nur im "Innenverhältnis".[145] Sind die

139 Vgl. schriftliche Ausfertigungen im Rahmen der Vorlesung: Prüfungswesen I, Hildesheim, Gliederungspunkt IV, 1. und 2.
140 Vgl. Scholz/Schmidt (2002), aaO, Rndnr. 21
141 Vgl. Braun/Uhlenbruck (1997), aaO, S. 294; vgl. Hachenburg/Ulmer (1997)aaO, Rndnr. 41; vgl. Veit, K.R. (1982),aaO, S. 30
142 Vgl. Berkhemer, H. (1955): Der Insolvenzstatus, Mannheim, S. 52
143 meint von vornherein
144 Vgl. Gottwald/Uhlenbruck (1990): Insolvenz-Handbuch, § 9, München, Rndnr. 26
145 Vgl. Berkhemer, H. (1955), aaO

Nachschüsse beschlossen, so besteht für den einzelnen Gesellschafter die Möglichkeit seiner Verpflichtung durch Zurverfügungstellung seines Gesellschafteranteils n. § 27 GmbHG nachzukommen. Es wird demnach keinen gesellschaftsrechtlich begründeten Ansatz geben.

Allgemeintypische Vermögensteile

➢ Der Firmenwert

u. U., es ist in der Literatur umstritten ihn im Einzelfall in der Überschuldungsbilanz anzugeben, da er ein Konglomerat diverser im Zusammenspiel erfolgsfördernder Faktoren im Unternehmen darstellt. Lt. *Haack* sind diese nur i.V.m. dem jeweiligen Unternehmen werthaltig.[146]

Oftmals fehlt es in der Gutachterpraxis an der Zeit, die es braucht, um zu einem sorgfältig ermittelten Wert zu gelangen, so daß im Rückgriff auf das Argument der Vorsicht gar kein Wertansatz erfolgt.[147]

Eine Aktivierung kommt nach *Uhlenbruck/Schulze-Osterloh nur* in Frage, wenn der IVerw realisiert das UN gemeinsam mit der Firma zu veräußern[148]sowie als weitere Voraussetzung ein Mehrerlös über den eigentlichen Substanzwert des UN′s hinaus generiert werden kann.[149]

---

146 Vgl. jur. argumentierend u. somit verneinend Haack, M.(1980): Der Konkursgrund der Überschuldung bei Kapital- u. Personengesellschaften, Frankfurt/M., S. 100; vgl. auch Baumbach/Hueck/Schulze-Osterloh (1988): GmbHG, § 63 Komm., 15. Auflage, München, Rndnr. 12; vgl. Arians, G. (1985): Sonderbilanzen, 2. Auflage, Köln, S. 236f.
147 Vgl. ebenda
148 Vgl. ebenda; vgl. ausnahmsweise bejahend Kuhn/Uhlenbruck (1994), aaO, § 102, Rndnr. 6 k
149 Vgl. bejahend auch Breuer, W. (2003), aaO, Rndnr. 159

Nach *Baumbach/Hueck/Schulze-Osterloh* gilt dies ganz ausnahmsweise für den originären und derivativen Firmenswert. Unterstützend vertritt *Fischer* die Meinung, daß nicht selbständig realisierbare Werte, wie z.b. goodwill, Betriebs- und Vertriebsorganisationen, Know-how entgegen landläufiger Meinung durchaus aktivierungsfähig sind, da sie bei eingearbeiteten Firmen einen erheblichen Wert haben sowie (siehe *Uhlenbruck*) die Ertragskraft des UN´s erheblich beeinflussen können.[150]Letzerer knüpft den Ansatz für den Fall des Konkurses an die Bedingung der selbstständigen Verwertbarkeit.[151]

> Immaterielle VG´s wie z.B. Patente, Know-how, Konzessionen, Markenrechte

Ja, solange sie selbständig verkehrsfähig sind[152], können sie voll angesetzt werden. Auch, wenn es sich um selbstgeschaffenes Vermögen handelt.[153]*Fischer* geht von einem Ansatz auch nicht selbständiger immaterieller VG´s (wie in der vorhergegangenen Position des Firmenwertes) aus, da sie einen wesentlichen Einfluß auf die zukünftigen Ertragsaussichten haben. *Breuer* bedingt die ernsthafte Verwertung für einen Wertansatz.

> Grundstücke / Sonstige Sach- und Finanzanlagen

Ja, angegebene VG´s sind anzusetzen.[154]

> Gegenstände des Anlage- und Umlaufvermögens

Ja, sie sind grds. alle anzusetzen, was sich logisch konsequent aus dem Motto der Vollständigkeit der VG´s im Überschuldungsstatus erschließen läßt.[155]

> Eigene Anteile

---

150 Vgl. ebenda; vgl. auch Fischer, W. (1980), aaO, S. 113, 118, 119; vgl. b. "nFFP"-Ansatz auch Scholz/Schmidt (1995): GmbHG, § 63 Komm., 3. Bd., 8. Auflage, Köln, Rndnr. 18; vgl. b. "nFFP" Hachenburg/Ulmer (1997), aaO; vgl. u. U. bejahend auch Gottwald/Uhlenbruck (1990), aaO, Rndnr. 23; vgl. Arians, G. (1985): Sonderbilanzen, 2. Auflage, Köln, S. 237; vgl. auch Breuer, W. (2003), aaO
151 Vgl. ebenda
152 Vgl. Scholz/Schmidt (2002), aaO, Rndnr. 22
153 Vgl. IDW (Hrsg.)(1992), aaO, Rndnr. T 25; vgl. Arians, G. (1985), aaO
154 Vgl. Braun/Uhlenbruck (1997), aaO; vgl. Hachenburg/Ulmer (1997), aaO
155 Vgl. Kuhn/Uhlenbruck (1994), aaO, Rndnr. 6 k

Sie sind bedingt auszuweisen. Nach dem AktG sind eigene Aktien unter dem Fortführungsgesichtspunkt anzusetzen. Vorausgesetzt werden muß, daß sie veräußert werden können und sollen. Unter dem Aspekt der Liquidation und sich anschließender Verteilung nicht, da es sich hier nicht um bilanzierungsfähige Vermögenswerte handelt.[156] Außerdem stellt es kein Objekt der Gläubigerbefriedigung dar.[157] Nach dem GmbHG muß aber nach *Baumbach/Hueck/Schulze-Osterloh* auf die Passivierung einer entsprechenden Rücklage zur Neutralisierung verzichtet werden. Nach *Braun/Uhlenbruck* sind sie nicht anzusetzen.[158]

➤ Unfertige Erzeugnisse

➤ Harte "Patronatserklärungen"

Sie sind für die Feststellung der Überschuldung unmaßgeblich.[159] Eine Ausnahme gilt, nach *Lutter /Hommelhoff*, für den Fall der Erklärung zugunsten aller Gläubiger.[160]

➤ Verlustausgleichsansprüche aus UN-Verträgen / isolierte Verlustausgleichsansprüche / Ansprüche aus Liquidationsausstattungsgarantien[161]

Letztere können immer angesetzt werden, es sei denn ein vertraglicher Passus schließt die Übernahme durch das herrschende UN ausdrücklich oder konkludent[162]für den Insolvenzfall aus.[163]Das abhängige UN ist berechtigt, eine Verlustdeckungszusage im Status zu aktivieren.[164]

➤ Forderungen aus L/L (Lieferungen und Leistungen)

➤ Forderungen aus "schwebenden Verträgen"

---

156 Vgl. Geßler/Hefermehl (1974): AktG, § 92 Komm., Bd. 2, München, Rndnr. 18; vgl. Mertens (1996), aaO
157 Vgl. verneinend Meyer-Landrut (1987): AktG, § 92 Großkomm., Berlin, Anm. 7
158 Vgl. Scholz/Schmidt (2002), aaO, Rndnr. 22; vgl. auch Veit, K.R. (1982), aaO, S. 30; vgl. Braun/Uhlenbruck (1997), aaO, S. 294; vgl. verneinend auch Kuhn/Uhlenbruck (1994), aaO, Rndnr. 6 k
159 Vgl. ebenda, S. 295
160 Vgl. Lutter/Hommelhoff (1987): GmbHG, § 63 Komm., 12. Auflage, Köln, Rndnr. 7
161 Vgl. Scholz/Schmidt (1995), aaO, Rndnr. 20
162 meint gem. schlüssigen Handelns, z.B. kopfschüttelnd, händesschüttelnd, nikkend, herbeigeführt
163 Vgl. Kuhn/Uhlenbruck (1994), aaO, Rndnr. 6 y
164 Vgl. ebenda

u. U., wenn sie realisierbar und vollwertig sind.[165]

➢ Forderungen aus Beteiligungsverhältnissen

Ja, vertragliche oder vertraglich anerkannte Ansprüche auf Verlustübernahme nach § 302 Abs. 1 AktG ebenso wie aus höchstrichterlicher Rechtsprechung resultierende Ansprüche aufgrund eines vorliegenden qualifizierten faktischen Konzerns.[166]Nach *Kuhn/Uhlenbruck* ist der Ansatz jedoch derart umstritten, daß sie davon abraten.[167]

Ansprüche gegen Gesellschafter oder organschaftliche Vertreter wegen schuldhafter Schädigung (deliktische Ansprüche) derselben sind vom abhängigen UN nach den §§ 309,310,311,317,318,322,324 AktG als Schadensersatzansprüche aus schuldhafter Verletzung des Beherrschungsvertrages nur aktivierbar, wenn sie außerhalb des Insolvenzverfahrens durchsetzbar[168]vollwertig und liquide sind. Zudem müssen sie gesichert, d.h. eingeklagt oder anerkannt, sein.[169]Gleiche Bedingung gilt nach *Scholz/Schmidt* bzgl. der qualifiziert faktischen Konzernabhängigkeit.[170] Strafrechtliche Ansprüche wegen Konkursverschleppung sind nicht aktivierbar.[171]

➢ Rechnungsabgrenzungsposten (ARAP)

Bedingt, wenn sie Forderungen wiedergeben.[172]

165 Vgl. Baumbach/Hueck/Schulze-Osterloh (1988), aaO, Rndnr. 14; vgl. auch Scholz/Schmidt (1995), aaO, Rndnr. 21
166 Vgl. ebenda, Rndnr. 13; vgl. auch Gottwald/Uhlenbruck (1990), aaO, Rndnr. 30; vgl. gleich Hachen- burg/Ulmer(1997), aaO, Rndnr. 42
167 Vgl. Kuhn/Uhlenbruck (1994), aaO, Rndnr. 6 y
168 Vgl. Schmidt/Uhlenbruck (1997), aaO, Rndnr. 507
169 Vgl. Scholz/Schmidt (2002), aaO, Rndnr. 27; vgl. auch Braun/Uhlenbruck (1997), aaO, S. 295
170 Vgl. Scholz/Schmidt (1995), aaO, Rndnr. 23
171 Vgl. ebenda
172 Vgl. Scholz/Schmidt (2002), aaO, Rndnr. 20

Sie enthalten Vorauszahlungen für einen Aufwand, der nach dem Stichtag der Überschuldungsbilanz anfällt. Posten, die hierunter fallen, sind Mietvorauszahlungen, Steuern und Versicherungen, Beiträge (evtl. zu Berufsverbänden), Zinsen u.a. Allerdings bezieht sich das Aktivum nur auf evtl. erstattungsfähige Ansprüche, die durch eine vorzeitige Kündigung entstehen[173]oder ausstehende Gegenleistungen auch bei Liquidation der Gesellschaft für diese verwertbar ist.[174] Für *Scholz/Schmidt(1995)* stellt der RAP keinen eigenen Aktivposten dar, kann aber Anlaß sein einen anderen einzustellen. Diese Argumentation findet sich in der vorangegangenen Literaturmeinung wieder.

> Geringwertige Wirtschaftsgüter (GWG)[175]

6.4.2 Ansatz der Passivposten (über *Braun/Uhlenbruck*)

Da auf der Passivseite des Überschuldungsstatus´ n. § 3 KO alle gegenwärtigen Verbindlichkeiten gegenüber Insolvenzgläubigern auszuweisen sind, die aus der Insolvenzmasse zu befriedigen sind,[176] muß diese nach *Uhlenbruck* um die Posten des Aktien-, Stamm- oder Grundkapitals und die freien Rücklagen, den JÜ oder JF bereinigt werden.[177]In diesem Abschnitt sei grds. darauf hingewiesen, daß auch Verbindlichkeiten, die noch nicht fällig oder aber gestundet sind, in Ansatz zu bringen sind.[178]

Auch hier werden keine Schadensersatzansprüche z. B aus nichterfüllten laufenden Verträgen (siehe analog in der Aktiva bei zukünftigen Forderungen, die auch durch das Insolvenzverfahren ausgelöst werden) sowie Sozialplanansprüche der AN passiviert.[179]

Ebenso werden keine Verbindlichkeiten mit Rangrücktrittscharakter n. § 39 Abs. 2 InsO passiviert.[180]

---

173 Vgl. Kuhn/Uhlenbruck (1994), aaO; vgl. auch Veit, K.R. (1982), aaO, S. 30; vgl. Braun/Uhlenbruck (1997), aaO, S. 296
174 Vgl. Baumbach /Hueck/Schulze-Osterloh (1988), aaO, Rndnr. 14a
175 Vgl. Fischer, W. (1980), aaO, S. 115
176 Vgl. Breuer, W. (2003), aaO, Rndnr. 168; vgl. Kuhn/Uhlenbruck (1994), aaO, Rndnr. 6 s
177 Vgl. Schmidt/Uhlenbruck (1997): Die GmbH in Krise, Sanierung und Insolvenz, Köln, Rndnr. 509; vgl. Hüffer, U. (1997), aaO, Rndnr. 10
178 Vgl. Braun/Uhlenbruck (1997), aaO
179 Vgl. Breuer (2002), aaO; vgl. Braun/Uhlenbruck (1997), aaO
180 Vgl. Scholz/Schmidt (2002), aaO, Rndnr. 28

Dagegen hält *Kuhn/Uhlenbruck* den Ansatz insoweit gerechtfertigt als daß z.B. bereits bei Anfertigung der Überschuldungsbilanz ein Sozialplan verabschiedet und ein Interessenausgleich niedergelegt wurde.[181] *Paulus* geht, nicht zuletzt durch § 123 Abs. 2 InsO, davon aus, daß Sozialplanverbindlichkeiten, die nach Eröffnung des InsV entstanden sind, Masseverbindlichkeiten sind.[182]Da demnach von einer *nFFP* auszugehen wäre, hätte dies bei Aufstellung der KEB (nicht immer gleich Überschuldungsstatus) Bedeutung.

Im Folgenden wird eine Übersicht der Passivposten, bei Einzelbewertungsmaßgabe, gegeben, die gleich ihrem akitvischen Pendant versucht dem Anspruch auf Vollständigkeit gerecht zu werden:

➢ Sonderposten mit Rücklagenanteil (SoPo)

Bedingt, ja. Vorausgesetzt werden muß aber daß n. § 173 HGB eine steuerrechtliche Vorgabe erfüllt wird, die da vorgibt, daß ein Wertansatz nur dann erfolgen darf, wenn im Rahmen der steuerrechtlichen Gewinnermittlung ein solcher Ansatz in der Bilanz vorgesehen ist.[183]

➢ Rückstellungen für ungewisse Verbindlichkeiten

Sie sind zu bilden, soweit Inanspruchnahme der Gesellschaft droht.[184]

➢ Rückstellungen für Pensionen und ähnliche Verpflichtungen, z.B. Pensionsanwartschaften (als Bestandteil der Rückstellungen für ungewisse Verbindlichkeiten)

Sie sind zu passivieren solange sie von der Konkurs-, Insolvenzeröffnung unberührt bleiben[185]sowie nach *Kuhn/Uhlenbruck* im Fall einer *nFFP*.[186]

Nach vorangegangener Literaturmeinung ist von einer Passivierung speziell unter *pFFP* n. § 70 KO abzusehen.[187]Nach *Kuhn/Uhlenbruck* sind fällige und unverfallbare Pensionsansprüche zu berücksichtigen, da für sie n. § 249 Abs. 1 S 1 HGB eine Rückstellungspflicht besteht. Einziger Unter-

181 Vgl. Kuhn/Uhlenbruck (1994), aaO, Rndnr. 6 n
182 Vgl. Paulus, Chr. (2003), aaO, S. 34
183 Vgl. Braun/Uhlenbruck (1997), aaO
184 Vgl. Baumbach/Hueck/Schulze-Osterloh (1988), aaO, Rndnr. 15
185 Vgl. ebenda, Rndnr. 17
186 Vgl. Kuhn/Uhlenbruck (1994), aaO, Rndnr. 6 p
187 Vgl.ebenda, Rndnr. 6 n; vgl für eine Passivierung dagegen Schmidt/Uhlenbruck (1997), aaO

schied beim Ansatz in der Überschuldungsbilanz: Ein Bilanzierungswahlrecht scheidet aus.[188]

➢ Rückstellungen für drohende Verluste aus "schwebenden Geschäften" (als Bestandteil der Rückstellungen für ungewisse Verbindlichkeiten)

Bedingt, ja, wenn sie bereits n. § 249 Abs. 1 HGB in der HB eingestellt worden sind.[189]

➢ Rückstellungen im Allgemeinen

u. U., wenn eine ernsthafte Inanspruchnahme der Gesellschaft in Erwägung gezogen wird.[190]

➢ Rückstellungen für Garantie- und Prozeßzwecke

Ja, sie müssen, unabhängig von einer anstehenden Inanspruchnahme passiviert werden.[191]Nein, wenn mit einer Inanspruchnahme ernsthaft nicht gerechnet werden kann.[192]

➢ Rückstellungen für Verbindlichkeiten aus Produkt- oder Umwelthaftung

Ja, bedingt. Es muß ein Ansatz in der Jahresbilanz gebildet worden sein.[193]

➢ Verbindlichkeiten im Allgemeinen

---

188 Vgl. Kuhn/Uhlenbruck (1994), aaO, Rndnr. 6 p; vgl. IDW (Hrsg.) (1992), aaO, Rndnr. T 39
189 Vgl. ebenda
190 Vgl. ebenda; vgl. Veit, K.R. (1982), aaO, S. 31
191 Vgl. Braun/Uhlenbruck (1997), aaO, S. 296; vgl. abwägend Kuhn/Uhlenbruck (1994), aaO
192 Vgl. ebenda
193 Vgl. ebenda; vgl. Braun/Uhlenbruck (1994), aaO

➤ Rückstellungen für Steuern und Berufsgenossenschaften

Sie sind immer anzusetzen.[194]

➤ Verbindlichkeiten aus "schwebenden Geschäften"

Analog dem aktivischen Pendant können diese in Abhängigkeit der Entscheidungsfindung durch den IVerw angesetzt werden, da mit ihrer Inanspruchnahme gerechnet werden kann.[195]Nach *Kuhn/Uhlenbruck* sind sie nur unter der *pFFP* anzusetzen, da sich somit ein Wert ermitteln läßt. Im konkret feststehenden, sicheren Auflösungsfall des UN´s werden Schadensersatzansprüche, die sich hinter dem Posten "Rückstellungen für drohenden Verlusten aus schwebenden Geschäften"verbergen, passiviert.[196]

➤ Verbindlichkeiten gegen Gesellschafter

Ja, allerdings nur, wenn dem kein Auszahlungsverbot n. § 30 GmbHG entgegensteht oder ihre Durchsetzung in der Insolvenz n. § 32a GmbHG ausgeschlossen ist.[197]

➤ Dinglich gesicherte Verbindlichkeiten

Nach *Mentzel/Kuhn/Uhlenbruck*[198] sind sie nicht anzusetzen. Ein Veto kommt von *Scholz/Schmidt (2002)*.[199]

➤ Verbindlichkeiten aus unerfüllten Verträgen

➤ Streitige Verbindlichkeiten

Gds. ja, es sein denn, die Forderung bedarf ausnahmsweise noch gerichtlicher Klärung oder eines rechtskräftigen Entscheids.[200]

---

194   Vgl. Kuhn/Uhlenbruck (1994), aaO
195   Vgl. Baumbach/Hueck/Schulze-Osterloh (1988), aaO
196   Vgl. Kuhn/Uhlenbruck (1994), aaO, Rndnr. 6 r
197   Vgl. Baumbach/Hueck/Schulze-Osterloh (1988), aaO, Rndnr. 16
198   Vgl. Veit, K.R. (1982), aaO, S. 31; vgl. Kuhn/Uhlenbruck (1994), aaO, Anm. 2
199   Vgl. auch verneinend Schmidt/Uhlenbruck (1997), aaO, Rndnr. 508
200   Vgl. ebenda, Rndnr. 513

➢ Eventualverbindlichkeiten

z.B. aus der Begebung von Wechseln, Bestellung von Sicherheiten für fremde Verbindlichkeiten oder aus Bürgschaften, Gewährleistungsverträgen sind dann zu passivieren, wenn eine Inanspruchnahme der Gesellschaft droht.[201]

Im gleichen Moment ist für einen bilanziellen Ausgleich im Rahmen einer sogenannten Rückgriffsforderung zu sorgen, selbst wenn die Forderung des Gläubigers gegen den Hauptschuldner erst mit der Befriedigung des Gläubigers auf den Bürgen übergeht.[202] Nach *Fischer* muß zusätzlich eine Rückstellung vorgenommen werden.[203]

➢ Einlagen "stiller Gesellschafter"

Grds. ja. Sobald die auf den stillen Gesellschafter entfallende Verlustbeteiligung überschritten ist, kann nicht mehr von Eigenkapital der Gesellschaft ausgegangen werden, so daß ein Rückzahlungsanspruch n. §236 Abs. 1 HGB als Konkursgläubiger besteht. Sollte der stille Gesellschafter allerdings von einer Rangrücktrittsvereinbarung mit dem Hauptgesellschafter Gebrauch machen, so kann von einer Passivierung der Rückzahlungsvereinbarung abgesehen werden. Oftmals erübrigt sich aber ein Ansatz auf die natürliche Weise als daß der auf den Gesellschafter entfallende Verlustanteil so hoch ist, daß die gesamte Einlage aufgebraucht wird.[204]

➢ Verbindlichkeiten aus einem Rückgewähranspruch kapitalersetzender Gesellschafterleistungen n. § 32a GmbHG

Ja, grds. ist hier ein Ansatz vorzunehmen.[205]

---

201 Vgl. Schmidt/Uhlenbruck (1997), aaO, Rndnr. 512
202 Vgl. ebenda; vgl. Braun/Uhlenbruck (1997), aaO, S. 296f.
203 Vgl. Fischer, W. (1980), aaO, S.123
204 Vgl. bejahend Hachenburg/Ulmer (1997), aaO, Rndnr. 46; vgl. auch Baumbach/Hueck/Schulze-Osterloh (1988), aaO, Rndnr. 16
205 Vgl. bejahend ebenda, Rndnr. 46a; vgl. Mertens, J. (1996): Aktiengesetz, § 92 Kölner Großkommentar, Bd. 2, 2. Auflage, Köln, Rndnr. 31; vgl. auch Scholz/Schmidt (1995), aaO, Rndnr. 27; vgl. Hommelhoff, P. (1984): Rechtliche Überlegungen zur Vorbereitung der GmbH auf das BiRiLiG in: WPg, Heft 23/24, S. 629f.; vgl. auch Baumbach/Hueck/Schulze-Osterloh (1988), aaO, Rndnr. 15; vgl. Budde/Förschle (1999): Sonderbilanzen, 2. Auflage, München, Rndnr. 119; vgl. IDW (Hrsg.) (1992), aaO, Rndnr. T 31; vgl. Hüffer, U. (1997), aaO, Rndnr. 10

Ausnahme bleibt wie beim stillen Gesellschafter exemplarisch statuiert, ein Verzicht auf die eingeräumte Rangstellung bei der Verteilung der Masse i. F. einer Rangrücktrittsvereinbarung.[206] Die höchstrichterliche Rechtsprechung des BGH hat in einer Entscheidung ausgeführt, daß auch bei Fehlen einer solchen Rangrücktrittsvereinbarung entsprechende Darlehen aus unterschiedlichen Erwägungen als Verbindlichkeit zu passivieren sind[207], da sich meist erst im Verfahren herausstellt, ob sie einen kapitalersetzenden Charakter haben oder nicht. Insofern dürfte sich entsprechend auch erst im Verlauf des Verfahrens herausstellen, daß es sich um keine Konkursforderung handelt, die mit einem Nachrang ausgestattet ist.

Nach dem AktG wird sogar auf die eindeutige Charakterisierung als eigenkapitalersetzend oder nicht verzichtet.[208]Es wird dort explizit darauf verwiesen, daß für die Aktionäre das Mittel des Rangrücktritts in Frage kommt, mit dem sie einer Überschuldung begegnen können. Die Tendenz der Rechtsprechung und die revolutionierende Änderung durch das in 1999 in Kraft getretene neue Insolvenzrecht, konkret in § 39 Abs. 1 Nr. 5 und Abs. 2 InsO manifestiert, läßt jene nachrangigen Gesellschafter wie auch vergleichbare Forderungen sogar am Verfahren teilnehmen. Somit ist eine Legalisierung der Passivierung de facto eingetreten. Als Vorsichtsmaßnahme bei Unsicherheit bzgl. des Charakters des Darlehens ist eine Rückstellung in gleicher Höhe entsprechend der für den JA geltenden Grundsätze vorzunehmen.[209]

Die Literaturmeinung ist da konträr, mehrheitlich allerdings pro Ansatz in der Überschuldungsbilanz. Sie beruft sich auf § 30 GmbHG, der ein Leistungsverweigerungsrecht indiziert und § 32a GmbHG der für den Konkursfall eintritt. *Fleischer* ergänzt um die Bedingung der pflichtgemäßen Beurteilung durch die Geschäftsführung als Voraussetzung für den Nichtansatz.[210]

---

206 Vgl. NJW (Hrsg.) (1996): NJW-Rechtsreport (RR), 11. Jg. München, S. 1443f.; vgl. Breuer, W. (2003), aaO, Rndnr. 168
207 Vgl. ebenda
208 Vgl. ebenda
209 Vgl. Braun/Uhlenbruck (1997), aaO, S. 298
210 Vgl. Hachenburg/Ulmer (1997), aaO, Rndnr. 46a; vgl. Lutter/Hommelhoff (1987): GmbHG, § 63 Komm., 12. Auflage, Köln, Rndnr. 7; vgl. zweifelnd auch Fleischer, H. (1996): Eigenkapitalersetzende Gesellschafterdarlehen und Überschuldungsstatus in: ZIP, 17. Jg., Heft 18, Köln, S. 774ff.

Skeptisch dazu *Baumbach/Hueck/Schulze-Osterloh*, die den Gläubigerschutz gefährdet sehen und die erforderliche Sicherheit der Feststellung
durch den GF als nicht gegeben.[211]

Ebenso setzt der *IDW (Institut der Deutschen Wirtschaftsprüfer)* voraus,
daß für einen Nichtansatz die Gesellschafter gem. § 92 Abs. 1 AktG analog
§ 49 Abs. 3 GmbHG per Erklärung eines Forderungsnachlasses oder einer
Rangrücktrittserklärung dafür Sorge tragen.[212]

➤ Sonstige Verbindlichkeiten

Bedingt, wenn mit einer tatsächlichen Inanspruchnahme zu rechnen ist.[213]

➤ Rechnungsabgrenzungsposten (PRAP)

Sie sind auszuweisen, da entweder Leistungsverpflichtung besteht oder
aber, bei vorzeitiger Vertragskündigung, Rückzahlungsverpflichtung.[214]

6.5   Die Bewertung in einer Überschuldungsbilanz

In der Literatur herrscht bzgl. der Bewertung wie im übrigen auch für den
Ansatz geltend eine umfangreiche, durch Unsicherheit und Subjektivität
geprägte, Meinungsvielfalt.[215]Es ist daher meines Erachtens schwerlich,
wenn überhaupt, möglich diese in ihrer Variationsvielfalt und gänzlichem
Umfang hier zu berücksichtigen.

Fischer richtet sich in seiner Bewertungsansicht z.B. auf den Ertragswert
aus, um genau dieser irritierenden und massiven Divergenz zu entfliehen.[216]

Es hat nach ihm die Bewertung aller Bilanzpositionen, des Vermögens und
der Schulden, mit den Nettowerten zu erfolgen. Evtl. vorzunehmende Abschreibungen sind in realistisch geschätzter Höhe zu veranschlagen.

---

211 Vgl. NJW (Hrsg.) (1996), aaO, S. 1444
212 Vgl. IDW (Hrsg.)(1992), aaO
213 Vgl. Braun/Uhlenbruck (1997), aaO
214 Vgl. Braun/Uhlenbruck, aaO, S. 297; vgl. Veit, K.R. (1982), aaO, S. 33
215 Vgl. u.a. Hüffer, U. (1997), aaO, Rndnr. 12; vgl. Schmidt/Uhlenbruck (1997),
     aaO, Rndnr. 505
216 Vgl. Fischer, W. (1980), aaO, S. 112

Er geht dabei von einer existenten Global-Finanzplanung aus, die die Wertansätze bestimmen soll. In Anlehnung an den Gliederungspunkt 5.5.1 hat eine Aufdeckung der stillen Reserven zu erfolgen.[217]

Bei indirekter Abschreibung oder passivierten Wertberichtigungen sind die saldierten Werte aufzuweisen, die lediglich in der Rechnung (Bilanz) zu berücksichtigen sind.[218]

Er spricht sich dafür aus das Vermögen in seiner Gesamtheit zu erfassen[219]und nicht wie in anderen Bewertungsansichten die "freie Masse"(auch "Ist-Masse") zu ermitteln, d.h. gebundene Werte, an denen Absonderungs- oder Aufrechnungsrechte bestehen, sind sowohl aktivisch wie auch ausgleichend passivisch zu berücksichtigen.

In der sich anschließenden Bewertung einzelner Bilanzposten geschieht dies unter der Prämisse der UN-Fortführung.

Bei den VG, selbst bei den geringwertigen Wirtschaftsgütern, ist es nach ihm sogar möglich über die Anschaffungs- und Herstellungskosten hinaus zu bewerten, wenn ein höherer Wertansatz in der vom Bewertenden erstellten Global-Finanzplanung gerechtfertigt ist. Nicht betriebsnotwendige VG's, die im Rahmen einer möglichen Sanierung abgestoßen werden, müssen mit den ihn zukommenden Veräußerungswerten (des Absatzmarktes), sprich Zeitwerten angesetzt werden. Werden dabei zusätzliche Kosten generiert, so geht der Differenzbetrag in die Position der Verbindlichkeiten ein.[220]

---

217 Vgl. Fischer, W. (1980), aaO, S. 113f.
218 Vgl. ebenda
219 Vgl. ebenda; vgl. auch Berkhemer, H. (1955), aaO, S. 39
220 Vgl. Fischer, W. (1980), aaO, S. 115f.

6.5.1 Bewertung der Vermögensaktiven

Nach *Kuhn/Uhlenbruck,* der sich in seiner Auffassung an die durch den Gesetzgeber favorisierte und mehrheitlich praktizierte Überschuldungsprüfung nach der "zweistufigen (alternativen) Methode" (siehe Gliederungspunkt 5.2.2) anschließt, werden bei der Ermittlung der rechnerischen Überschuldung die *Liquidationswerte* i. S. von *Abwicklungswerten (Veräußerungswerte des Absatzmarktes)*[221] angesetzt.

Sie sind keine *Zerschlagungswerte* i.S.v. § 124 KO.

Daraus folgt eine sachlich weitgehende Übereinstimmung mit den Bewertungsgrundsätzen der KEB.[222] Beide Bilanzen beruhen demnach auf der Annahme, daß es bei (drohender) Insolvenz zur Abwicklung nach den Vorschriften der KO kommt.[223]

Diese stellen *Zeitwerte oder Gegenstandswerte* dar, auf die je nach Verwertungsprämisse und Einzelfall, Abschläge vorzunehmen sind.[224]

Von *Liquidationserlösen* ist bereits auch dann auszugehen, wenn das UN trotz bestehender Schwierigkeiten an der Fortführung festhält.[225]

Wie die vorgenannten Autoren bereits anmerken, ist die Bewertung weitgehend davon abhängig, wie der Betrieb verwertet wird.

Wird er als lebensfähig eingestuft, so verbergen sich hinter den *Zeitwerten* die Wiederbeschaffungskosten, die in Ansatz zu bringen sind.[226]

Nicht betriebsnotwendige Vermögensteile können allerdings weiter mit *Liquidationswerten angesetzt* werden.[227]

Ergibt die zweite Stufe der Überschuldungsprüfung eine *pFFP*, da die Lebensfähigkeit bejaht wird, so ist es gerechtfertigt von den *Liquidations-*

---

221 Vgl. Kuhn/Uhlenbruck (1994), aaO, Rndnr. 6 l; vgl. Hachenburg/Ulmer (1997), aaO, Rndnr. 43; vgl. auch für die GmbH Baumbach/Hueck/Schulze-Osterloh (1988), aaO; vgl. Veit, K.R. (1982), aaO, S. 32

222 Vgl. differenzierend Kuhn/Uhlenbruck (1994), aaO; vgl. Hachenburg/Ulmer (1997), aaO, Rndnr. 38

223 Vgl. ebenda

224 Vgl. ebenda, Rndnr. 43

225 Vgl. Jäger/Weber (1973): KO, §§207,208, Berlin, Anm. 20

226 Vgl. Kuhn/Uhlenbruck (1994), aaO, Rndnr. 6 l

227 Vgl. IDW (Hrsg.)(1992), aaO, Rndnr. T 25

werten auf *Going-concern-Werte (Betriebsbestehenswerte, FFW'e)* umzustellen.[228]

Der für Jahresbilanzen geltende Grundsatz der Bilanzkontinuität muß aufgegeben werden, da es sich nicht zuletzt um eine Sonderbilanz handelt,[229] die ihren Ursprung in einem außergewöhnlichen, besonderen Grund hat.

Ergibt sich die Notwendigkeit einzelne Betriebskomplexe oder das UN im Ganzen zu veräußern, so ist es sinnig, anhand des zu erwartenden Veräußerungserlöses, die veräußerbare Einheit zu bewerten.[230]

Ein positiver Differenzbetrag (Kapitalisierungsmehrwert), der sich aus der Einzelveräußerbarkeit des VG's und der günstigeren Betriebsteil- oder Gesamtveräußerung ergibt, ist als Wert der Einheit anzusehen und kann nur, soweit diese entspr. gekennzeichnet ist, angesetzt werden.[231] Nicht jedoch hat ein gesonderter Ansatz dieser positiven Differenz zu erfolgen.[232]

---

228   Vgl. Kuhn/Uhlenbruck (1994), aaO
229   Vgl. u.a. Schmidt/Uhlenbruck (1997), aaO, Rndnr. 504; vgl. Braun/Uhlenbruck (1997), aaO, S. 292
230   Vgl. Veit, K.R. (1982), aaO, S. 33
231   Vgl. Berkhemer, H. (1955), aaO, S. 40; vgl. Veit, K.R. (1982), aaO
232   Vgl. ebenda

Bewertung einzelner Vermögenswerte unter Berücksichtigung der "pFFP"

Typische Vermögensteile bei Kapitalgesellschaften

➤ Ausstehende Einlagen auf das "gezeichnete Kapital" / Nachschüsse

Sie dürfen bei sicherer Einbringung mit ihrem Nennwert bewertet werden.[233]In Abhängigkeit von der Zahlungsfähigkeit sind auch Abschläge auf den Nennwert angebracht.[234]

Allgemeintypische Vermögensteile

➤ Der Firmenwert

Ein "derivativer" Firmenwert kann immer fortgeführt werden. Ein "originärer" Firmenwert darf nur fortgeführt werden, wenn unter "Going-concern"-Aspekten Betriebe oder Betriebsteile veräußert werden.[235] Nach *Breuer* ist der modifizierte Substanzwert anzusetzen. [236]Er muß bei Veräußerung des UN's mit abgegolten werden.[237]

Verneinend ist nach *Haack/Uhlenbruck,* die sich für eine Bewertung unter Fortführungsaspekten einsetzen, eine Berücksichtigung zu Substanzwerten anzunehmen, da bereits bei der Bewertung der einzelnen VG's eine Wertberücksichtigung erfolgt.[238]

➤ Immaterielle VG's

Solche sind, sind sie nicht selbständig realisierbar, mit einem äußerst vorsichtigen aber nach Fischer auch angemessenen Wert zu berücksichtigen.[239]

➤ Grundstücke / Sonstige Sach- und Finanzanlagen

Sie sind mit dem Verkehrs- bzw. Kurs- oder hinlänglich Marktwert anzusetzen.[240]Gebäude mit ihrem Wiederbeschaffungswert.[241]Finanzanlagen

---

233 Vgl. Fischer, W. (1980), aaO, S. 121f.; vgl. Schmidt/Uhlenbruck (1997), aaO, Rndnr. 507

234 Vgl. Arians, G. (1985), aaO, S. 237

235 Vgl. IDW (1992), aaO; vgl. auch Fischer, W. (1980), aaO, S. 118; vgl. Arians, G. (1985), aaO

236 Vgl. Breuer, W. (2003), aaO, Rndnr. 163

237 Vgl. ebenda, Rndnr. 159

238 Vgl. Arians, G. (1985), aaO; vgl. Breuer, W. (2003), aaO, Rndnr. 160

239 Vgl. Fischer, W. (1980), aaO, S. 116f.; vgl. Arians, G. (1985), aaO, S.237

sind mit dem amtlichen Börsen-, andernfalls Markt- oder sonstigem Kurswert, unter Abzug der Anschaffungsnebenkosten, zu aktivieren.[242]Die Bewertung von Beteiligungen für die kein Börsenkurs existiert ist problematisch und umstritten.

Ggf. ist der Veräußerungserlös anzusetzen. Bei längerfristiger Halteabsicht, sind sie mit ihrem Ertragswert zu berücksichtigen.[243]

➤ Gegenstände des Anlage- und Umlaufvermögens

Diese sind mit ihrem Verkehrs-[244], Markt- oder Kurswert anzugeben. Oftmals werden beim Umlaufvermögen Werte aus der letzten Jahresbilanz übernommen.[245]

Abschläge auf diese Wertansätze kommen vor allem bei: im Bau befindliche Anlagen, Maschinen, Geschäftsausstattung, Spezialrohstoffe und unfertige Erzeugnisse, die im Fall der *nFFP* nicht mit dem UN oder Betriebsteil als Ganzes veräußert werden können, vor.[246]

➤ Eigene Anteile

Sie sind, so sie eigene Aktien einer AG betreffen, nach einer *pFFP* mit ihrem sicheren Verkaufspreis anzusetzen.[247]

Godin/Wilhelmi stellen hierbei auf den Kurswert ab.[248]Nach *Baumbach/Hueck/Schulze-Osterloh* sind sie zumeist mit "0" bewertet. Eine Neutralisierung durch Bildung einer Rücklage kommt hier nicht in Betracht.[249]

➤ Leasing-Vermögen/Güter

240 Vgl. Braun/Uhlenbruck (1997), aaO, S. 295; vgl. auch Schmidt/Uhlenbruck (1997), aaO, Rndnr. 507
241 Vgl. Breuer, W. (2003), aaO, Rndnr. 161
242 Vgl. ebenda, Rndnr. 164
243 Vgl. ebenda
244 Vgl. ebenda, Rndnr. 163
245 Vgl. Braun/Uhlenbruck (1997), aaO, S. 295; vgl. auch Hachenburg/Ulmer (1997), aaO, Rndnr. 42
246 Vgl. ebenda, Rndnr. 43; vgl. Kuhn/Uhlenbruck (1994), aaO, Rndnr. 6 m
247 Vgl. Geßler/Hefermehl (1974), aaO, Rndnr. 18
248 Vgl. Godin/Wilhelmi (1971): AktG, 4. Auflage, Berlin, Anm. 10
249 Vgl. Baumbach/Hueck/Schulze-Osterloh (1988): GmbHG, § 63 Komm., 15. Auflage, München, Rndnr. 12

Sie sollen nach *Fischer,* unabhängig ihres Ansatzes nach handels- oder steuerrechtlichen Maßgaben, angesetzt werden.[250]

➤ Unfertige Erzeugnisse

Hier ist der Wert anzusetzen, der unter Annahme eines realistischen zukünftigen Verkaufspreises unter Abzug aller bis zur Fertigstellung noch anfallenden Kosten festgesetzt werden kann.[251]

Siehe auch hierzu eine auffallende Parallele im Exkurs in die internationale Rechnungslegung (IAS).

➤ Harte "Patronatserklärungen" / Verlustausgleichsansprüche aus UN-Verträgen / isolierte Verlustausgleichsansprüche / Ansprüche aus Liquidationsausstattungsgarantien

Meines Erachtens sind diese entsprechend den getroffenen vertraglichen Vereinbarungen bewertend zu berücksichtigen.

➤ Forderungen aus L/L (Lieferungen und Leistungen)

Sie sind mit ihrem Buchwert anzugeben. Allerdings sind notwendigerweise vorgeschriebene Wertberichtigungen vorzunehmen.[252] Auch *Schulze-Osterloh* rät Forderungen, unter Berücksichtigung ihrer Durchsetzbarkeit zu bewerten.[253]

➤ Forderungen aus "schwebenden Verträgen"

Sind sie angesetzt, so sind sie mit ihrem vollen Wert zu beziffern, da die Voraussetzungen der Realisierbarkeit und Durchsetzbarkeit gegeben sind.[254]

Nach meiner Meinung sollte auch hier angeraten sein bzw. vom IVerw wohl bedacht, Abschläge auf den Wertansatz zu erwägen, in Betrachtung der Zahlungsmoral des Debitors.

---

250 Vgl. Fischer, W. (1980), aaO
251 Vgl. Kuhn/Uhlenbruck (1994), aaO, Rndnr. 6 k; vgl. Breuer, W. (2003), aaO, Rndnr. 165
252 Vgl. Braun/Uhlenbruck (1997), aaO, S. 294; vgl. Breuer, W. (2003), aaO, Rndnr. 166; vgl. Schmidt/Uhlenbruck (1997), aaO
253 Vgl. Baumbach/Hueck/Schulze-Osterloh (1988), aaO, Rndnr. 20; vgl. Schmidt/ Uhlenbruck (1997), aaO
254 Vgl. Braun/Uhlenbruck (1997), aaO

➢ Forderungen aus Beteiligungsverhältnissen

➢ Rechnungsabgrenzungsposten (ARAP)

Sie sind lediglich im Umfang evtl. erstattungsfähiger Ansprüche wie unter Gliederungspunkt 5.5.1 beschrieben anzusetzen.

➢ Geringwertige Wirtschaftsgüter (GWG)

Nach *Fischer* sind diese mit dem *tatsächlichen* Wert zu veranschlagen, der ihnen für das zukünftige Betriebsgeschehen beigemessen wird, obwohl er bereits voll abgeschrieben und somit sofort erfolgswirksam erfaßt worden ist.[255]

6.5.2 Bewertung der Schulden

Bewertung einzelner Schuldenwerte unter Berücksichtigung der "pFFP"

➢ Sonderposten mit Rücklagenanteil (SoPo)

Dieser ist um den Eigenkapitalanteil zu kürzen und nur in Höhe der gestundeten Steuerverbindlichkeiten anzusetzen.[256]

➢ Rückstellungen für Pensionen und ähnliche Verpflichtungen, z.B. Pensionsanwartschaften oder Vorruhestandsverpflichtungen

Sie sind n. § 70 KO mit ihrem Barwert zu kapitalisieren, wenn sie durch die Insolvenz nicht untergehen.[257] *Kuhn/Uhlenbruck* sehen den Barwert nicht identisch mit dem kapitalisierten Betrag wiederkehrender Leistungen.[258]

Letztere sind, so es sich um feststehende Rentenverbindlichkeiten handelt, mit ihrem versicherungsmathematischen Barwert anzusetzen.[259]

---

255 Vgl. Fischer, W. (1980), aaO, S. 115
256 Vgl. Hüffer, U. (1997), aaO, Rndnr. 10; vgl. Baumbach/Hueck/Schulze-Osterloh (1988), aaO, Rndnr. 19; vgl. Kuhn/Uhlenbruck (1994), aaO, Rndnr. 6 s
257 Vgl. Baumbach/Hueck/Schulze-Osterloh (1988), aaO; vgl. Schmidt/Uhlenbruck (1997), aaO, Rndnr. 509
258 Vgl. Kuhn/Uhlenbruck (1994), aaO, Rndnr. 6 p
259 Vgl. Braun/Uhlenbruck (1997), aaO, S. 296; vgl. auch Scholz/Schmidt (2002), aaO, Rndnr. 29

> Verbindlichkeiten aus "schwebenden Geschäften"

Gleiches gilt hier. Insbesondere bei langfristiger Auftragsfertigung ist eine Verlust- oder (analog in der Aktiva) Gewinnrealisierung nach jeweiligem Auftragsfortschritt möglich.[260]

Bzgl. des Wertes sind sie mit ihrem voraussichtlichen Wert anzusetzen, unter Maßgabe der UN-Fortführung.[261] Ist das UN jedoch aufgrund der wirtschftlichen Lage nicht mehr in der Lage L/L zur vereinbarten Zeit zu erbringen oder Zahlungen zu leisten, so stellt sich der Wert auf "0".

In diesem Fall, also bei *nFFP*, sind zukünftige Schadensersatzansprüche aus der Nichterfüllung von Verträgen in Form eines Rückstellungsausweises vorzunehmen.[262]

> Verbindlichkeiten im Allgemeinen

Sie sind gem. GmbHG mit ihrem Nennbetrag anzusetzen. Noch nicht fällige, unverzinsliche Verbindlichkeiten sind n. § 65 Abs. 2 KO auf den ZP der Überschuldungsfeststellung abzuzinsen.[263]

> Leasing-Verbindlichkeiten

Sie sind bei Aktivierung des entsprechenden Vermögens ebenfalls aufzunehmen und, meines Erachtens nach, in Höhe der vertraglichen Verpflichtung anzusetzen. *Fischer* bezieht sich in seinen Ausführungen auf keine genaue Größe.[264]

> Verbindlichkeiten aus unerfüllten Verträgen

Sie sind als Geldschulden mit dem Nennwert zu bewerten.[265]

> Langfristige Passiva

Sie dürfen, speziell unter Fortführungsgesichtspunkten, statt mit dem Rückzahlungsbetrag auch mit dem Barwert angesetzt werden.[266]

---

260 Vgl. ebenda
261 Vgl. Kuhn/Uhlenbruck (1994), aaO, Rndnr. 6 r
262 Vgl. ebenda
263 Vgl. Baumbach/Hueck/Schulze-Osterloh (1988), aaO, Rndnr. 21; vgl. Kuhn/ Uhlenbruck (1994), aaO, Rndnr. 6 n
264 Vgl. Fischer, W. (1980), aaO, S. 116
265 Vgl. Scholz/Schmidt (2002), aaO
266 Vgl. IDW (1992), aaO, Rndnr. T 25

➤ Sonstige Verbindlichkeiten

Sie sind in Gestalt von Aufwandsrückstellungen anzusetzen.[267]Nach *Uhlen-bruck* sind sie mit dem Wert zu passivieren, der gegenüber der Konkursmasse geltend gemacht werden kann.[268]

➤ Rechnungsabgrenzungsposten (PRAP)

Sie sind, selbst bei negativer Prognose, mit ihrem vollen Wert auszuweisen.[269]

---

267   Vgl. ebenda
268   Vgl. Schmidt/Uhlenbruck (1997), aaO, Rndnr. 512
269   Vgl. Arians, G. (1985), aaO, S. 238, vgl. auch Braun/Uhlenbruck (1997), aaO, S. 297; vgl. Kuhn/Uhlenbruck, aaO, Rndnr. 6 t; vgl. Baumbach/Hueck/Schulze-Osterloh (1988), aaO, Rndnr. 18a

6.6 Der Ausweis in der Überschuldungsbilanz

Grundsätzlich entspricht die äußere Erscheinungsform des Überschuldungsstatus´ wie die Bezeichnung "-bilanz" schon vermuten läßt der Formvorschrift des § 266 I HGB, der eine Aufstellung der einzelnen Positionen im Rahmen der Kontenform, üblich für die regelmäßigen Jahresbilanzen, vorschreibt. Eine gesetzliche Vorschrift gibt es in diesem speziellen Fall allerdings nicht, so daß kein Gestaltungszwang besteht.[270] Eine Orientierung am § 266 I HGB scheint aber meines Erachtens insofern allemal sinnvoll und nachvollziehbar als daß Dritten gegenüber eine gewohnte Übersichtlichkeit der Fakten präsentiert wird.

6.6.1 Die Vermögensübersicht nach § 153 InsO

Zur Erstellung der Übersicht n. § 153 InsO ist zum Zeitpunkt der Verfahrenseröffnung eine umfangreiche Inventur des gesamten Umlauf- und Anlagevermögens n. § 151 InsO vorzunehmen sowie im Verzeichnis der Gläubiger (§ 152 InsO) etwaige Absonderungsrechte derselben, die Stellung evtl. nachrangiger Gläubiger und mögliche Aufrechnungspositionen gesondert auszuweisen.[271]

Diese Übersicht vermittelt ein Bild der Vermögenswerte, die zur Deckung der Konkursforderung vorhanden sind.[272]

Die Aufzeichnung gem. §§ 151,152 werden folgerichtig auch als Inventare bezeichnet[273]und stellen die direkte Vorstufe zur Eröffnungsbilanz dar.[274]

In Anlehnung an § 153 InsO hat der IVerw aus dem aktivischen Verzeichnis der Massegegenstände (§ 151 Abs. 1 InsO) sowie dem Passivischen der Gläubiger (§ 152 InsO) eine Vermögensübersicht zu entwickeln, indem er eine "verdichtete"[275] Übersicht aufstellt.

Darin sind die Vermögenswerte und die Übersicht der Insolvenzmasse, sprich die Aktiva und Passiva, aufgeführt.

---

270 Vgl. Veit, K.R. (1982), aaO, S. 32; vgl. Braun/Uhlenbruck (1997), aaO, S. 290

271 Vgl. ebenda, S. 529

272 Vgl. ebenda, S. 531; vgl. Fischer, W. (1980), aaO, S.114

273 Vgl. Braun/Uhlenbruck (1997), aaO, S. 530

274 Vgl. Pink, A. (1995), aaO, S. 58

275 "verdichtet" meint einzelne VG werden zu einer Gruppe zusammengefaßt

Sie stellt die Ausgangsgrundlage zur zum abschließenden Zeitpunkt des Insolvenzverfahrens stattfindenden Bedienung der Gläubiger i.r.d. "quotalen Befriedigung"[276] dar.

Die Übersicht n. § 153 InsO entspricht, unter Maßgabe der *nFFP* und ähnelt im übrigen der KEB.[277]

Die Aufstellung gem. § 153 InsO, präsentiert sich derart, daß aktivisch in zwei folgenden Spalten die VG's gem. § 151 Abs. 2 InsO (*Doppelbewertung*) mit dem Zerschlagungswert und dem etwaigen *Going-concern-Wert* angesetzt werden.

In einer nächsten Spalte sind die Absonderungs- und Aufrechnungsrechte den VG's zuzuordnen, was lt. Gesetz nicht zwingend in § 151 sondern nur passivisch n. § 152 InsO vorgeschrieben ist. Es macht allerdings Sinn, da es eine sachgerechte Entscheidung der Gläubiger, was die Fortführung des UN's betrifft, erleichtert.[278]

So sollte nicht nur erkennbar sein welche Art von Forderungen welche Absonderungsrechte geltend machen kann, sondern auch an welchen VG's (im AV oder UV) dies zu erwarten ist.[279]

Schließlich ist in einer Schlußspalte ein Saldo zu bilden, der den Wert der "freien Masse" angibt, konsequenterweise in Form eines *Zerschlagungs-/Liquidationswertes* als auch eines *FFW'es.*[280]

Auf der Passivseite müßten die Buchwerte vorgetragen werden.

---

276 Vgl. Braun/Uhlenbruck (1997), aaO, S. 36
277 Vgl. Braun/Uhlenbruck (1997), aaO, S. 529; vgl. Veit, K.R. (1982), aaO, S. 30, 61ff., 154ff.; vgl. Hachenburg/Ulmer (1995): GmbHG, § 63 Komm., 7. Auflage, Rndnr. 33
278 Vgl. Veit, K.R. (1982), aaO, S. 32
279 Vgl. Braun/Uhlenbruck (1997), aaO, S. 533
280 Vgl. ebenda

Da dies jedoch durch die im Gläubigerverzeichnis n. § 152 nicht mehr auf-
zunehmenden Aussonderungsgläubiger sowie den Posten der Masseverbindlichkeiten nicht mehr möglich ist, erfolgt die Einstellung gem. Gläubigerverzeichnis mit den so ermittelten Passivposten.[281]

In einer weiteren Position sind die etwaigen Absonderungs- und Aufre-
chungsrechte auszuweisen.[282]

6.6.2 Der Mehrspaltenstatus

In Anlehnung an die Übersicht des § 153 InsO existiert bereits seit mehre-
ren Jahrzehnten die Auffassung, daß vertikale Aufgliederungsmöglichkei-
ten allein kein übersichtliches Bild vom Stand des UN´s liefern können.[283]

Demzufolge wurde derzeit eine tabellarische Formgebung entwickelt, die
in der Praxis Einzug gehalten hat, indem sie vertikale und horizontale Prin-
zipien der Gliederung berücksichtigt. Sie stellt drei wesentliche Hauptglie-
derungsmerkmale in ihren Vordergrund:

- die Gesamtliquidität (nach *Fluch, K.*)

- die rechtliche Struktur und

- die Art der einzelnen Vermögensgegenstände

Dem Aspekt der Übersichtlichkeit kann aber auch hier nur begrenzt Rechnung getragen werden, da die horizontale, räumliche Begrenzung eine max.
Spaltenanzahl von lediglich fünf bis sechs vorsehen kann.[284]

Gleiches Ziel verfolgt die detaillierte Untergliederung der VG in "Arten",
die im Zeitablauf der Veräußerung der einzelnen Teile eine einwandfreie
Zuordnung der Posten garantiert.

Abgänge und Zugänge sowie der Kasseninhalt geben jederzeit einen Über-
blick was den Stand der Abwicklung betrifft.[285]

---

281 Vgl. ebenda
282 Vgl. ebenda
283 Vgl. Berkemer, H. (1955), aaO, S. 38
284 Vgl. Berkhemer, H. (1955), aaO, S. 39
285 Vgl. ebenda, S. 40

Ist die Möglichkeit gegeben Gruppen von Vermögensteilen geschlossen zu veräußern, so ist es erforderlich für diese Gruppe eine eigene Position zu definieren, um sie wertmäßig erfassen zu können.[286]

Allerdings ist davon naturgemäß erst im Verlauf des Verfahrens auszugehen.[287]

Auf horizontaler Ebene ist daher unter dem Gliederungsprinzip der "rechtlichen Gebundenheit" und in vertikaler Hinsicht unter dem der "Gesamtliquidität" und der "Art der einzelnen VG" grob anzuordnen.[288]

Passivisch kann nicht nach Fälligkeitsgesichtspunkten geordnet werden, da in einem Übeschuldungsstatus bei Eintritt des Eröffnungsgrundes alle Verbindlichkeiten fällig zu stellen sind. Insofern orientiert man sich an der wahrscheinlichen "zeitlichen Möglichkeit der Schuldenabdeckung", die korrespondierend nach der Liquidierbarkeit der einzelnen Vermögensteile der Aktiva koordinierend zu gliedern sind.[289]

Somit wird der Status unter der *nFFP* zum Finanzplan in Hinsicht auf die Begleichung der gesicherten Verbindlichkeiten.[290]

---

286 Vgl. ebenda
287 Vgl. ebenda
288 Vgl. ebenda, S. 38
289 Vgl. ebenda, S. 39
290 Vgl. ebenda

Die Gliederung der Aktiva erfolgt nach der Flüssigkeit (absteigend, d.h. die VG mit der schnellsten Veräußerbarkeit stehen am Ende der Auflistung) der VG, wobei eine bestimmte Zeitspanne für die Realisation zu antizipieren ist, nach der die Anordnung der Verbindlichkeiten der Passiva dann zu erfolgen hat. [291]

Obergruppen werden durch Phasen gekennzeichnet, innerhalb derer sich die Veräußerung und mögl. Ablösung der Schulden vollzieht.[292]

In Hinblick auf das Prinzip der "rechtlichen Struktur" kann aktivisch profan von einer Unterteilung in "gebundenes" und "freies" Vermögen ausgegangen werden.

Passivisch kann von einer Differenzierung zwischen "gesicherten" und "ungesicherten" Verbindlichkeiten ausgegangen werden (siehe vorheriger Gliederungspunkt).[293]

Eine Gesamtspalte, die den Grad der Gesamtverschuldung offenlegt, ist zwar nicht zwingend vorgeschrieben, dennoch kommt ihr - gerade für Kapitalgesellschaften - erhöhte Bedeutung zu, da über sie die Notwendigkeit einer (Konkurs-) Insolvenzeröffnung hergeleitet wird.[294]

Im Anhang sind exemplarisch zwei Überschuldungsstaten (Arians, G., S. 439ff.) ergänzt, die visuell Beschriebenes veranschaulichen sollen.

---

291 Vgl. ebenda
292 Vgl. Berkhemer, H. (1955), aaO, S. 39
293 Vgl. ebenda
294 Vgl. ebenda, S. 40

6. Schlußbemerkung

Im Anhang sollte eine vom Bundesministerium für Finanzen in Zusammenarbeit mit der Europäischen Zentralbank erarbeitete Übersicht der aktuellen Neuverschuldung Deutschlands alarmierend wirken.

So ist die Staatsverschuldung nach einem zwischenzeitlichen Hoch in 1996, zur Regierungsära der CDU/CSU, in 2003 auf einen Stand von mindestens 30 Mrd. EURO, unter der Amtsperiode der SPD/Grünen, aufgelaufen.

In Anlehnung an die unter Gliederungspunkt 3.1.2 erwähnte Insolvenzunfähigkeit von Körperschaften, Anstalten und Stiftungen des öffentlichen Rechts sollte die Bundesregierung sich deshalb im Hinblick auf die zunehmende Verschuldungsproblematik der Gemeinden, Länder und des Bundes möglicherweise ein Beispiel an der US-amerikanischen Konkursgesetzgebung nehmen.

Diese nimmt sich auf unterster föderaler Ebene den Gemeinden an, indem sie ein spezielles Verfahren vorsieht.[295]

Gleiches gilt für die europäische Verbundsebene, auf der der Internationale Währungsfond (IWF) seit rund einem Jahr um eine homogene Regelung bemüht ist.

Die argentinische Krise vor Augen arbeitet er an dem Vorhaben eine Art Insolvenzverfahren für Staaten einzurichten.[296]

Während früher mit der Gruppe der Gläubigerbanken ein Umschuldungsabkommen ausgehandelt und von einem Kreditprogramm des IWF flankiert wurde, geriet ein Land in eine Insolvenzsituation, so soll das zukünftig anders sein.[297]

Da mit der stark angestiegenen Bedeutung von Anleihen und anderen Kreditinstrumenten Umschuldungsvereinbarungen schwieriger und asymmetrischer geworden sind, ist eine praktische Vereinbarkeit solcher Agreements z.B. für Anleihen, bei denen jeder einzelne Gläubiger zustimmen muß, nicht mehr gegeben.

---

295 Vgl. alles Paulus, Chr. (2003), aaO, S. 32
296 Vgl. ebenda
297 Vgl. Berthold/Lingenfelder (2003): Internationales Insolvenzrecht für Staaten in: Wissenschaftliches Studium (WiSt), 32. Jg., Heft 1, München, S. 1,19

Zwei Reformvorschläge kommen von *Krueger, A.* (geschäftsführende Direktorin des IWF) und *Taylor, J.* (Staatssekretär im amerikanischen Finanzministerium).

Exemplarisch angeführt plädiert erstere für eine umfassende Regelung, indem die IWF-Statuten geändert werden, um einer "Supermehrheit" von Gläubigern das Recht zu geben, eine bindende Umstrukturierung mit dem Schuldnerland zu vereinbaren. Dies kommt einem Eingriff in international geltendes Recht gleich.

Der IWF würde weiterhin den Prozess begleiten und Auseinandersetzungen schlichten. Somit könnten alle Schuldenarten ähnlich gehandhabt werden. Dabei ist ein IWF-Programm zu verbinden.

Dieser Ansatz wird auch als "zentraler Ansatz"[298] bezeichnet und könnte meines Erachtens nach zukunftsweisend sein.

---

298   Vgl. alles zuvor ebenda

7. Literatur

Bücher

Arians, G. (1985): **Sonderbilanzen,** C. Heymanns Verlag KG, Köln, 2. Auflage

Balz, M.; Landfermann, H.-G. (1995): **Die neuen Insolvenzgesetze,** IDW-Verlag, Düsseldorf

Baumbach. A.; Hueck, A. ; Schulze-Osterloh, J. (1988): **GmbH-Gesetz Bd. 20,** Verlag C.H. Beck, München, 15. Auflage

Berkhemer, H. (1955): **Der Insolvenzstatus,** Druck J. Beltz, Mannheim

Braun, E.; Uhlenbruck, W. (1997): **Insolvenzrechnungslegung,** IDW-Verlag, Düsseldorf

Breuer, W. (2003): **Insolvenzrecht,** Verlag C.H. Beck, München, 2. Auflage

Budde, W.D.; Förschle, G. (1999): **Sonderbilanzen,** Verlag C.H. Beck, München, 2. Auflage

Fischer, W.; Lutter, M.; Hommelhoff, P. (1987): **GmbHG,** § 63 Komm., Verlag Dr. C.O. Schmidt, Köln, 12. Auflage

Fischer, W. (1980): **Die Überschuldungsbilanz,** Verlag Heymann, Köln

Geßler, E., Hefermehl, W. (1974): **AktG Bd. 2,** § 92 Komm., Verlag Vahlen, München

Godin, R.v.; Wilhelmi, H. (1971): **AktG,** § 92 Komm., Walter de Gruyter Verlag, Berlin, 4. Auflage

Haack, M. (1980): **Der Konkursgrund der Überschuldung bei Kapital- und Personengesellschaften,** Verlag Peter D. Lang, Frankfurt

Hachenburg, M.; Ulmer, P. (1997): **GmbHG Bd. 3,** § 63 Komm., §§ 53 - 85, Walter de Gruyter Verlag, Berlin, 8. Auflage

Hachenburg, M.; Ulmer, P. (1995): **GmbHG Bd. 2,** § 63 Komm., §§ 53 - 85, Walter de Gruyter Verlag, Berlin, 7. Auflage

Hüffer, U. (1997): **AktG,** Verlag C.H. Beck, München, 3. Auflage

IDW (Hrsg.): **WP Handbuch (WPH) 1992 Bd. I**, IDW-Verlag, Düsseldorf, 10. Auflage

Jäger, E., Weber, F. (1973): **KO, Komm.**, §§ 207 - 244, Walter de Gruyter Verlag, Berlin

Kuhn, G.; Uhlenbruck, W. (1994): **Konkursordnung (KO)**, § 102 Komm.,Verlag Franz Vahlen, München, 11. Auflage

Mertens, J. (1996): **AktG 2. Bd.**, § 92 Kölner Großkomm., §§ 76 - 117, Verlag C. Heymann, Köln, 2. Auflage

Pink, A. (1995): **Insolvenzrechnungslegung**, IDW-Verlag, Düsseldorf

Schmidt, K. (1997): **Insolvenzgesetze KO/VglO/GesO Bd. 27**, Verlag C.H. Beck, München 17. Auflage

Schmidt, K.; Uhlenbruck, W. (1997): **Die GmbH in Krise, Sanierung und Insolvenz**, Verlag Dr.O. Schmidt, Köln

Scholz, F.; Schmidt, K. (1995): **GmbHG 2. Bd.**, § 63 Komm., §§ 45 - 85, Verlag Dr. C.O. Schmidt, Köln, 8. Auflage

Scholz, F.; Schmidt, K. (2002): **GmbHG 2. Bd.**, § 63 Komm., §§ 45 - 87, Verlag Dr. C.O. Schmidt, Köln, 9. Auflage

Uhlenbruck, W. (1990): **Insolvenz-Handbuch**, Verlag C.H. Beck, München

Veit, K. R. (1982): **Die Konkursrechnungslegung**, C. Heymann Verlag, Köln

Zeitschriften

Berthold, N.; Langengelder, M. (2003): **Internationales Insolvenzrecht für Staaten** in Wissenschaftliches Studium (WiSt), 32. Jg., Heft 1, Verlag C. H. Beck, München

Druckarczyk, J.; Schüler, A. (2003): **Insolvenztatbestände, prognostische Elemente und ihre gesetzeskonforme Handhabung**, Die Wirtschaftsprüfung (WPg), Heft 3, IDW-Verlag, Düsseldorf

Fachausschuß Recht des IDW (1995): **Entwurf einer Verlautbarung von Empfehlungen zur Überschuldungsprüfung,** Die Wirtschaftsprüfung (WPg), Heft 17, IDW-Verlag, Düsseldorf

Fleischer, H. (1996): **Eigenkapitalersetzende Gesellschafterdarlehen und Überschuldungsstatus,** Zeitschrift für Wirtschaftsrecht (ZIP), 17. Jg., Heft 18, RWS-Verlag, Köln

Hommelhoff, P. (1984): **Rechtliche Überlegungen zur Vorbereitung der GmbH auf das BiRiLiG,** Die Wirtschaftsprüfung (WPg), Heft 23/24, IDW-Verlag, Düsseldorf

Paulus, Chr. (2003): **Grundlagen des neuen Insolvenzrechts - Schuldner, Gläubiger und Insolvenzverwalter,** Deutsches Steuerrecht (DStR), Heft 1, Verlag C.H. Beck, München

Statistisches Bundesamt (Hrsg.) Angele, J. (2002): **Insolvenzen 1999 bis 2001 nach neuem Insolvenzrecht,** Wirtschaft und Statistik (WiSt), Heft 6, Verlag Metzler-Poeschel, Stuttgart

Wolf, T. (1995): **Bewertung von Vermögensgegenständen im Überschuldungsstatus,** Das Deutsche Steuerrecht (DStR), Heft 22, Verlag C.H. Beck, München

Skript

Schiller, A. (2002): **Gliederungspunkt IV, Nr. 1. Und 2.,** Fachhochschule Hildesheim-Holzminden-Göttingen, Fakultät Wirtschaft, Schwerpunktfach: Prüfungswesen I, Vorlesungsskript, Hildesheim

Zeitungen

"DIE WELT" vom 13. Mai 2003: Deutschlands Neuverschuldung

Sonstige Veröffentlichungen

Niedersächsisches Landesamt für Statistik (NLS) (Hrsg.) (2002): **Niedersachsen in Zahlen,** Ausgabe August 2002, Hannover

Schultze & Braun; PRICEWATERHOUSECOOPER (Hrsg.)(o. D.): **Übersicht Unternehmensinsolvenzverfahren,** Unternehmensbroschüre, Achern

Anhang

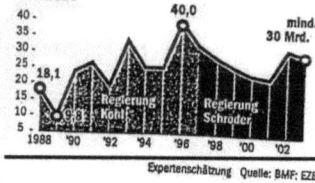

Deutschlands Neuverschuldung
In Mrd. Euro

Expertenschätzung Quelle: BMF; EZB

Wirtschaft

Verarbeitendes Gewerbe*		2001	200
Betriebe	Anzahl	4 153	4 2;
Tätige Personen	Anzahl	557 927	558 48
dar. Arbeiter	Anzahl	376 941	379 5:
Geleistete Arbeiterstunden	1 000	578 359	596 81
Bruttolöhne- und gehälter	Mio. EUR	19 512,3	19 061.
Gesamtumsatz (ohne Umsatzsteuer)	Mio. EUR	140 125,2	134 612.
dar. Auslandsumsatz	Mio. EUR	56 685,5	54 167

*sowie Bergbau und Gewinnung von Steinen und Erden.

Bauhauptgewerbe		2001	200
Tätige Personen	Anzahl	89 266	97 33
Geleistete Arbeitsstunden	1 000	106 908	120 92
Bruttolöhne- und gehälter	Mio. EUR	2 372,6	2 588.
Baugewerbl. Umsatz (ohne Umsatzsteuer)	Mio. EUR	8 394,8	9 316.

Bautätigkeit		2001	200(
Genehmigungen			
Wohngebäude	Anzahl	32 055	34 93
Wohnungen	Anzahl	34 437	38 76
Nichtwohngebäude	Anzahl	7 628	8 25:

Gewerbemeldungen		2001	2000
Anmeldungen	Anzahl	62 214	64 70
Abmeldungen	Anzahl	54 896	55 37

Unternehmensinsolvenzen		2001	200:
Insgesamt	Anzahl	2 869	2 34
dar. Einzelunternehmen	Anzahl	958	71
GmbH	Anzahl	1 416	1 16:

Außenhandel		2001	200(
Ausfuhr	Mio. EUR	46 518,1	46 963.
Einfuhr	Mio. EUR	42 998,9	43 815.

Tabelle 3: Unternehmensinsolvenzen[1])
nach Antragstellern, Eröffnungsgründen und Art der Verwaltung

Gegenstand der Nachweisung	2000	2001
Insgesamt	25 254	28 483
Antragsteller		
Gläubiger	9 470	9 499
Schuldner	15 784	18 984
Eröffnungsgründe		
Zahlungsunfähigkeit	.	15 471
Drohende Zahlungsunfähigkeit	.	266
Überschuldung	.	1 700
Zahlungsunfähigkeit und Überschuldung	.	10 967
Drohende Zahlungsunfähigkeit und Überschuldung	.	79
Eigenverwaltung		
Angeordnete Eigenverwaltung	133	241

1) Ohne Kleingewerbe.

Unternehmensinsolvenzen in Deutschland
Anteil der eröffneten Verfahren
%

1950	77
1960	70
1970	60
1980	29
1990	27
1998	28
1999	36
2000	41
2001	45

Bruttowertschöpfung 2000
nach Wirtschaftsbereichen

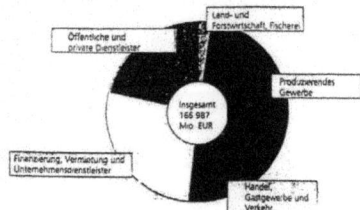

Insolvenzen 1950 bis 2001[1]

☐ Unternehmen   ☐ Übrige Schuldner[2]   ▓ Verbraucher[3]

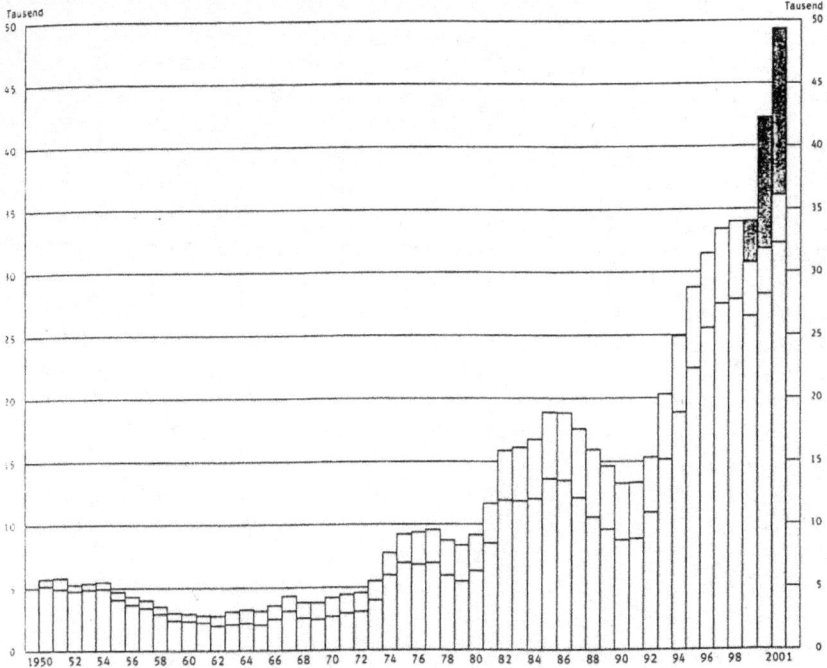

Tausend

50

45

40

35

30

25

20

15

10

5

0

1950 52 54 56 58 60 62 64 66 68 70 72 74 76 78 80 82 84 86 88 90 92 94 96 98 2001

1) Ab 1991 einschl. neue Länder und Berlin-Ost. · 2) Natürliche Personen, z. B. als Gesellschafter, Nachlässe usw. · 3) Ab 1999: Einführung der Verbraucherinsolvenzen.

Statistisches Bundesamt 2002 - 01 - 0282

81

Tabelle 1: Entwicklung der Insolvenzen[1]

| | Konkurse/Gesamtvollstreckungsverfahren/Insolvenzen[2] | | | | | Insolvenzen | | | |
| Jahr | eröffnet | mangels Masse abgelehnt | Schuldenbereinigungsplan angenommen | zusammen | Vergleichsverfahren eröffnet | insgesamt | dar.: Unternehmen[3] | Veränderung gegenüber dem Vorjahr | |
								insgesamt	dar.: Unternehmen
	Anzahl							%	
	Früheres Bundesgebiet[6]								
1950	3 286	1 211	X	4 497	1 721	5 735	5 168	+35,7	+27,7
1960	1 742	947	X	2 689	343	2 958	2 358	-2,2	-2,3
1970	2 081	1 862	X	3 943	324	4 201	2 716	+10,3	+8,9
1980	2 420	6 639	X	9 059	94	9 140	6 315	+9,9	+15,2
1990	3 214	10 029	X	13 243	42	13 271	8 730	-9,4	-9,0
1991	3 236	9 667	X	12 903	39	12 922	8 445	-2,6	-3,3
1992	3 691	10 403	X	14 094	37	14 117	9 828	+9,2	+16,4
1993	4 629	12 853	X	17 482	73	17 537	12 821	+24,2	+30,5
1994	5 053	14 997	X	20 050	67	20 092	14 913	+14,6	+16,4
1995	5 616	16 072	X	21 688	56	21 714	16 470	+8,1	+10,3
1996	6 053	17 010	X	23 063	53	23 078	18 111	+6,3	+10,0
1997	6 195	17 982	X	24 177	35	24 212	19 348	+4,9	+6,8
1998	6 268	18 134	X	24 402	30	24 432	19 213	+0,9	-0,7
1999	8 801	13 883	234	22 918	X	22 918	16 772	X	X
2000	14 765	13 994	1 106	29 865	X	29 865	18 062	+30,3	+7,7
2001	19 383	14 972	1 515	35 870	X	35 870	21 664	+20,1	+19,9
	Neue Länder und Berlin-Ost[5]								
1991	328	73	X	401	X	401	392	X	X
1992	669	516	X	1 185	X	1 185	1 092	+195,5	+178,6
1993	1 213	1 548	X	2 761	X	2 761	2 327	+133,0	+113,1
1994	1 779	3 057	X	4 836	X	4 836	3 911	+75,2	+68,1
1995	2 408	4 663	X	7 071	X	7 071	5 874	+46,2	+50,2
1996	2 557	5 836	X	8 393	X	8 393	7 419	+18,7	+26,3
1997	2 639	6 547	X	9 186	X	9 186	8 126	+9,4	+9,5
1998	2 695	6 850	X	9 545	X	9 545	8 615	+3,9	+6,0
1999	3 044	5 703	5	8 752	X	8 752	7 567	X	X
2000	4 277	5 536	68	9 881	X	9 881	8 047	+12,9	+6,3
2001	4 979	5 691	149	10 819	X	10 819	8 506	+9,5	+5,7
	Berlin								
1999	410	1 956	2	2 368	X	2 368	2 137	+11,7	+11,5
2000	656	1 827	30	2 513	X	2 513	2 126	+6,1	-0,5
2001	868	1 697	72	2 637	X	2 637	2 108	+4,9	-0,8
	Deutschland								
1991	3 564	9 740	X	13 304	39	13 323	8 837	X	X
1992	4 360	10 919	X	15 279	37	15 302	10 920	+14,9	+23,6
1993	5 842	14 401	X	20 243	73	20 298	15 148	+32,6	+38,7
1994	6 832	18 054	X	24 886	67	24 928	18 837	+22,8	+24,4
1995	8 024	20 735	X	28 759	56	28 785	22 344	+15,5	+18,6
1996	8 610	22 846	X	31 456	53	31 471	25 530	+9,3	+14,3
1997	8 834	24 529	X	33 363	35	33 398	27 474	+6,1	+7,6
1998	8 963	24 984	X	33 947	30	33 977	27 828	+1,7	+1,3
1999	12 255	21 542	241	34 038	X	34 038	26 476	+0,2	-4,9
2000	19 698	21 357	1 204	42 259	X	42 259	28 235	+24,6	+6,6
2001	25 230	22 360	1 736	49 326	X	49 326	32 278	+16,7	+14,3

1) Früheres Bundesgebiet: Konkurse und Vergleichsverfahren ohne Anschlusskonkurse, denen ein eröffnetes Vergleichsverfahren vorausgegangen ist. Neue Länder und Berlin-Ost: eröffnete und mangels Masse abgelehnte Gesamtvollstreckungsverfahren. – 2) Ab 1999 nur noch Insolvenzen. – 3) Ab 1999 einschl. Kleingewerbe. – 4) Ab 1999 ohne Berlin-West. – 5) Ab 1999 ohne Berlin-Ost.

Tabelle 2: Zusammensetzung der Insolvenzen

| | | Unternehmen | | Übrige Schuldner | | | | |
| Jahr | Insgesamt | zusammen | dar.: Kleingewerbe | zusammen | natürliche Personen | Nachlässe | Verbraucher | |
	Anzahl		%	Anzahl		%	Anzahl	
1992	15 302	10 920	71,4		4 382	28,6	2 491	1 891	X
1993	20 298	15 148	74,6		5 150	25,4	3 142	2 008	X
1994	24 928	18 837	75,6		6 091	24,4	3 975	2 116	X
1995	28 785	22 344	77,6		6 441	22,4	4 170	2 271	X
1996	31 471	25 530	81,1		5 941	18,9	3 593	2 348	X
1997	33 398	27 474	82,3		5 924	17,7	3 527	2 397	X
1998	33 977	27 828	81,9		6 149	18,1	3 703	2 446	X
1999	34 038	26 476	77,8	783	7 562	22,2	1 852	2 353	3 357
2000	42 259	28 235	66,8	2 981	14 024	33,2	1 129	2 416	10 479
2001	49 326	32 278	65,4	3 795	17 048	34,6	1 472	2 299	13 277

Tabelle 5: Insolvenzen nach Rechtsformen, Wirtschaftszweigen, Forderungs- und Beschäftigtengrößenklassen sowie Alter der Unternehmen

Gegenstand der Nachweisung	1999	2000	2001	Veränderung 2000 gegenüber 1999	Veränderung 2001 gegenüber 2000	Insolvenz-häufigkeit¹) 2001
	Anzahl			%		
Unternehmen insgesamt	26 476	28 235	32 278	+ 6,6	+ 14,3	111
nach Rechtsformen						
Kleingewerbe	783	2 981	3 795	+ 280,7	+ 27,3	.
Einzelunternehmen	7 457	6 667	7 231	- 10,6	+ 8,5	54
Personengesellschaften	1 983	2 211	2 624	+ 11,5	+ 18,7	72
GmbH	15 811	15 832	17 857	+ 0,1	+ 12,8	251
Aktiengesellschaften, KGaA	94	176	442	+ 87,2	+ 151,1	800
Sonstige Rechtsformen	348	368	329	+ 5,7	- 10,6	64
nach Wirtschaftszweigen						
Verarbeitendes Gewerbe	3 139	3 305	3 655	+ 5,3	+ 10,6	125
Baugewerbe	7 766	8 103	9 026	+ 4,3	+ 11,4	279
Handel	5 668	5 624	6 005	- 0,8	+ 6,8	82
Gastgewerbe	1 674	1 927	2 204	+ 15,1	+ 14,4	88
Verkehr und Nachrichtenübermittlung	1 299	1 714	2 137	+ 31,9	+ 24,7	168
Kredit- und Versicherungsgewerbe ...	185	198	233	+ 7,0	+ 17,7	145
Sonstige Dienstleistungen	6 184	6 846	8 422	+ 10,7	+ 23,0	77
Übrige Wirtschaftsbereiche	561	518	596	- 7,7	+ 15,1	76
nach Forderungsgrößenklassen						
von ... bis unter ... Euro						
unter 50 000	6 006	6 165	7 055	+ 2,6	+ 14,4	.
50 000 - 250 000	8 366	9 617	11 557	+ 15,0	+ 20,2	.
250 000 - 500 000	3 630	4 027	4 819	+ 10,9	+ 19,7	.
500 000 - 1 Mill.	2 406	2 726	3 290	+ 13,3	+ 20,7	.
1 Mill. - 5 Mill.	2 446	2 705	3 271	+ 10,6	+ 20,9	.
5 Mill. - 25 Mill.	458	618	748	+ 34,9	+ 21,0	.
25 Mill. und mehr	62	87	120	+ 40,3	+ 37,9	.
unbekannt	3 102	2 290	1 418	- 26,2	- 38,1	.
nach Beschäftigtengrößenklassen²)						
von ... bis ... Beschäftigte						
Kein(e) Beschäftigte(r)	.	.	7 586	X	X	.
1	.	2 101	2 461	X	+ 17,1	.
2 - 5	.	4 872	5 682	X	+ 16,6	.
6 - 10	.	2 269	2 584	X	+ 13,9	.
11 - 100	.	2 983	3 538	X	+ 18,6	.
mehr als 100	.	197	264	X	+ 34,0	.
unbekannt	.	.	6 368	X	X	.
nach Altersklassen²)						
unter 8 Jahre alt	16 657	13 869	15 611	- 16,7	+ 12,6	.
über 8 Jahre alt	6 182	7 309	9 132	+ 18,2	+ 24,9	.
unbekannt	2 854	4 076	3 740	+ 42,8	- 8,2	.

1) Bezogen auf 10 000 Unternehmen. Berechnet anhand der Ergebnisse der Umsatzsteuerstatistik 2000 (Steuerpflichtige mit einem jährlichen Umsatz von mehr als 16 617 Euro). – 2) Einschl. Kleingewerbe.

– Überschuldungsbilanz nach *Uhlenbruck*[311]:

Aktiva

Aktiva	Buchwert	Wert nach Auflösung erkennbarer stiller Reserven u. Wertberichtigungen (Zeitwert)	Zeitwert unter dem Gesichtspunkt einer Betriebsfortführung	Konkursfeste Gläubigerrechte Aus-u. Absonderungsrechte, Aufrechnungslagen, Eigentumsvorbehalte, Sicherungsübereignungen u. -abtretungen, Pfandrechte, Hypotheken, Grundschulden, Vormerkungen	Für den Konkurs freie Vermögenswerte	Wert unter Liquidationsgesichtspunkten Wert bei einer Gesamtveräußerung	Wert bei einer Veräußerung zu Zerschlagungswerten (§124 KO)	Wert im Überschuldungsstatus
I. Anlagevermögen								
1) Grundstücke	325.000	440.000	440.000	330.000	140.000	400.000		140.000[313]
2) Maschinen	120.000	225.000	225.000	200.000	25.000	200.000	20.000[312]	25.000
3) Betriebs- und Geschäftsausstattung	33.000	15.000	15.000	20.000		10.000	5.000	
4) Fahrzeuge	3.000	8.000	8.000	5.000	3.000			3.000
5) Mittel- und langfristige Darlehensforderungen	112.000	76.000	76.000	50.000	26.000	76.000	76.000	26.000
6) Konzessionen, Patente	-	1	10.000	20.000	-	-	10.000	20.000
7) Goodwill	-					10.000		20.000
8) Rückständige Kommanditeinlagen	10.000	10.000		-	-	25.000		-
9) Einzahlungsverpflichtung GmbH	3.000	-	10.000	5.000	5.000	5.000	5.000	5.000
II. Umlaufvermögen								
1) Roh-, Hilfs- und Betriebsstoffe	46.236	42.000	48.000	30.000	12.000	42.000	25.000	18.000
2) Halbfertigerzeugnisse	8.914	8.000	9.000	-	8.000	8.000	4.000	9.000
3) Fertigerzeugnisse, Waren	32.105	25.000	35.000	5.000	20.000	25.000	15.000	30.000
4) Anzahlungen an Lieferanten	10.000	10.000	10.000	10.000	-	10.000		10.000
5) Forderungen aus Lieferungen und Leistungen	41.145	30.400	30.400	15.000	15.400	40.000	10.000	15.400
6) Kurzfristige Darlehensforderungen	15.000	15.000	15.000	-	15.000	15.000	15.000	15.000
7) Kasse, Bank, Postscheck	66.500	66.500	66.500	-	66.500	66.500	66.500	66.500
III. Summe	825.901	980.900	1.007.900	640.000	335.900	932.500	241.500	382.900

Überschuldung	836.219	511.220	= unechte Überschuldung	640.000	335.900	echte Überschuldung		391.220
Passiva ohne Kapital	1.662.120	1.492.120				Passiva		774.120

Passiva

Passiva	Buchwert	Wert nach Auflösung erkennbarer stiller Reserven (Zeitwert)	Konkursfeste Gläubigerrechte Aus- und Absonderungsrechte (Eigentumsvorbehalt, Sicherungseigentum u. -abtretungen, Pfandrechte, Hypotheken, Grundschulden etc.)	Bei Betriebsfortführung weiter bestehende Verbindlichkeiten	Passiva unter Liquidationsgesichtspunkten Wert bei Gesamtveräußerung (§613a BGB)	Wert bei Veräußerung zu Zerschlagungswert	Durch den Konkurs ausgelöste Ansprüche u. Vorrechte wie z.B. Schadenersatzansprüche nach §26 KO Bevorrechtigte Forderungen (§61 Abs. 1-5 KO)	Wert im Überschuldungsstatus
I. Kapital								
1) Kapital der GmbH 20.000 DM								
2) Kommanditkapital 500.000 DM								
II. Verbindlichkeiten								
1) Hypotheken, Grundschulden etc.	300.000	300.000	380.000	360.000	300.000	300.000	-	-
2) Darlehen	55.000	55.000	30.000	55.000	55.000	55.000	-	25.000
3) Bankverbindlichkeiten	450.000	450.000	180.000	450.000	450.000	450.000	-	270.000
4) Anzahlungen von Kunden	25.000	25.000	-	25.000	25.000	25.000	-	25.000
5) Verbindlichkeiten aus Warenlieferungen und Leistungen, Akzepte	90.000	90.000	30.000	90.000	90.000	90.000		60.000
6) Gehälter	38.140	38.140	-	38.140	38.140	38.140	458.300[314]	38.140
7) Löhne	27.600	27.600	-	27.600	27.600	27.600	730.480	27.600
8) Sozialabgaben								
a) AOK	18.200	18.200	-	18.200	18.200	18.200	47.500	18.200
b) Ersatzkassen	5.480	5.480	-	5.480	5.480	5.480	28.300	5.480
c) Berufsgenossenschaften	1.200	1.200	-	1.200	1.200	1.200	7.600	1.200
9) Steuerschulden								
a) Finanzamt Ertragssteuern	250.000	250.000	100.000	250.000	250.000	50.000	50.000	100.000
b) Umsatzsteuer	-	-	-	21.500	21.500	21.500	21.500	21.500
10) Pensionsverpflichtungen								
a) fällige Pensionsansprüche	10.000	10.000	-	5.000	10.000	280.000[313]	280.000	5.000
b) konkursfeste Anwartschaften	5.000	5.000	-	2.000	5.000	160.000	160.000	2.000
c) sonstige Anwartschaften	20.000	20.000	-	-	20.000	-	-	-
11) Sonstige Verbindlichkeiten	25.000	25.000	-	25.000	25.000	25.000	-	25.000
12) Bestehende Rückstellungen	250.000	150.000	-	150.000	150.000	150.000	-	150.000
13) Rückstellungen für zu erwartende								
a) Schadenersatzansprüche von Kunden	70.000	-	-	-	-	70.000	-	-
b) Sozialplanforderungen der Arbeitnehmer	-	-	-	-	-	700.000	700.000	-
14) Abwicklungskosten/sonst. Masseschulden	-	-	-	-	10.000	400.000	400.000	-
III. Summe	1.662.120	1.492.120	640.000	1.464.120	1.502.120	3.597.120	3.613.680	774.120

Aktiva					
Wahrscheinlich-keitsverteilung	ca. 1%	ca. 20%	ca. 50%	ca. 19%	ca. 10
I. Anlagevermögen					
1. Grundstücke					
2. Maschinen					
3. B. u. G.					
4. Darlehensf.					
5. Konzessionen Patente					
II. Umlaufvermögen					
1. Roh-, Hilfs- u.Betriebsst.					
2. Halbfertigerz.					
3. Fertigerz.					
4. Anzahlungen					
5. Forderungen					
6. Kasse, Bank					
Summe					
Summe x Wahrschein-lichkeit					

Vergleichs-wert

Passiva					
Wahrscheinlich-keitsverteilung	ca. 1%	ca. 20%	ca. 50%	ca. 19%	ca. 10%
I. Kapitel					
II. Verbindlich-keiten					
1. Hypotheken					
2. Darlehen					
3. Warenlief.					
4. Gehälter, Löhne					
5. Sozialabgab.					
6. Steuern					
7. Pensions-verpfl.					
8. Sonst. Verb.					
9. Rückstellg.					
Summe					
Summe x Wahrschein-lichkeit					

Vergleichs-

Unternehmensinsolvenzverfahren

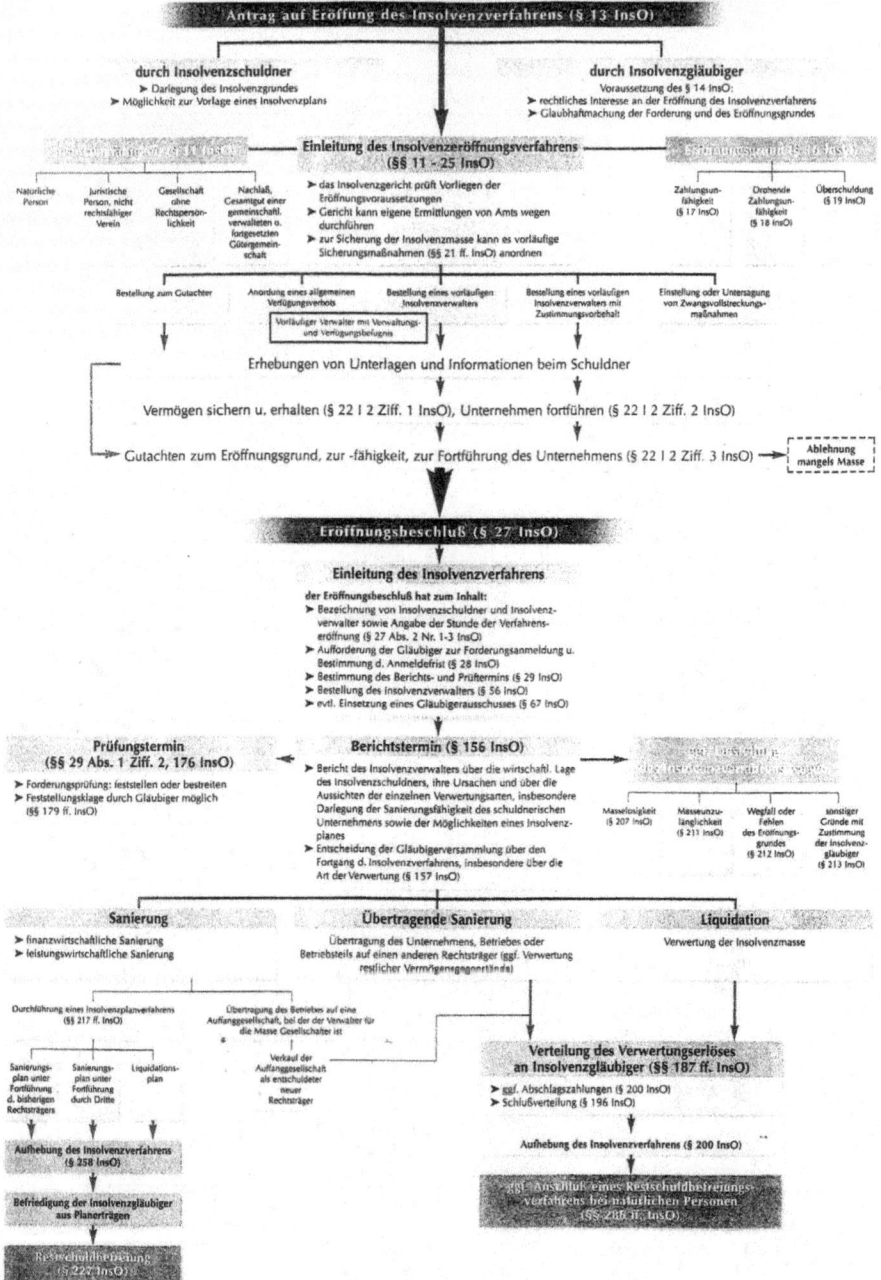

Antrag auf Eröffnung des Insolvenzverfahrens (§ 13 InsO)

durch Insolvenzschuldner
➤ Darlegung des Insolvenzgrundes
➤ Möglichkeit zur Vorlage eines Insolvenzplans

durch Insolvenzgläubiger
Voraussetzung des § 14 InsO:
➤ rechtliches Interesse an der Eröffnung des Insolvenzverfahrens
➤ Glaubhaftmachung der Forderung und des Eröffnungsgrundes

Insolvenzfähigkeit (§ 11 InsO)

Einleitung des Insolvenzeröffnungsverfahrens (§§ 11 - 25 InsO)

Eröffnungsgrund (§ 16 InsO)

Natürliche Person | Juristische Person, nicht rechtsfähiger Verein | Gesellschaft ohne Rechtspersönlichkeit | Nachlaß, Gesamtgut einer gemeinschaftl. verwalteten o. fortgesetzten Gütergemeinschaft

➤ das Insolvenzgericht prüft Vorliegen der Eröffnungsvoraussetzungen
➤ Gericht kann eigene Ermittlungen von Amts wegen durchführen
➤ zur Sicherung der Insolvenzmasse kann es vorläufige Sicherungsmaßnahmen (§§ 21 ff. InsO) anordnen

Zahlungsunfähigkeit (§ 17 InsO) | Drohende Zahlungsunfähigkeit (§ 18 InsO) | Überschuldung (§ 19 InsO)

Bestellung zum Gutachter | Anordung eines allgemeinen Verfügungsverbots | Bestellung eines vorläufigen Insolvenzverwalters | Bestellung eines vorläufigen Insolvenzverwalters mit Zustimmungsvorbehalt | Einstellung oder Untersagung von Zwangsvollstreckungsmaßnahmen

Vorläufiger Verwalter mit Verwaltungs- und Verfügungsbefugnis

Erhebungen von Unterlagen und Informationen beim Schuldner

Vermögen sichern u. erhalten (§ 22 I 2 Ziff. 1 InsO), Unternehmen fortführen (§ 22 I 2 Ziff. 2 InsO)

Gutachten zum Eröffnungsgrund, zur -fähigkeit, zur Fortführung des Unternehmens (§ 22 I 2 Ziff. 3 InsO) ➙ **Ablehnung mangels Masse**

Eröffnungsbeschluß (§ 27 InsO)

Einleitung des Insolvenzverfahrens

der Eröffnungsbeschluß hat zum Inhalt:
➤ Bezeichnung von Insolvenzschuldner und Insolvenzverwalter sowie Angabe der Stunde der Verfahrenseröffnung (§ 27 Abs. 2 Nr. 1-3 InsO)
➤ Aufforderung der Gläubiger zur Forderungsanmeldung u. Bestimmung d. Anmeldefrist (§ 28 InsO)
➤ Bestimmung des Berichts- und Prüftermins (§ 29 InsO)
➤ Bestellung des Insolvenzverwalters (§ 56 InsO)
➤ evtl. Einsetzung eines Gläubigerausschusses (§ 67 InsO)

Prüfungstermin (§§ 29 Abs. 1 Ziff. 2, 176 InsO)
➤ Forderungsprüfung: feststellen oder bestreiten
➤ Feststellungsklage durch Gläubiger möglich (§§ 179 ff. InsO)

Berichtstermin (§ 156 InsO)
➤ Bericht des Insolvenzverwalters über die wirtschaftl. Lage des Insolvenzschuldners, ihre Ursachen und über die Aussichten der einzelnen Verwertungsarten, insbesondere Darlegung der Sanierungsfähigkeit des schuldnerischen Unternehmens sowie über die Möglichkeiten eines Insolvenzplanes
➤ Entscheidung der Gläubigerversammlung über den Fortgang d. Insolvenzverfahrens, insbesondere über die Art der Verwertung (§ 157 InsO)

Einstellung des Insolvenzverfahrens wegen:

Masselosigkeit (§ 207 InsO) | Masseunzulänglichkeit (§ 211 InsO) | Wegfall oder Fehlen des Eröffnungsgrundes (§ 212 InsO) | sonstiger Gründe mit Zustimmung der Insolvenzgläubiger (§ 213 InsO)

Sanierung
➤ finanzwirtschaftliche Sanierung
➤ leistungswirtschaftliche Sanierung

Übertragende Sanierung
Übertragung des Unternehmens, Betriebes oder Betriebsteils auf einen anderen Rechtsträger (ggf. Verwertung restlicher Vermögensgegenstände)

Liquidation
Verwertung der Insolvenzmasse

Durchführung eines Insolvenzplanverfahrens (§§ 217 ff. InsO)

Übertragung des Betriebes auf eine Auffanggesellschaft, bei der der Verwalter für die Masse Gesellschafter ist

Sanierungsplan unter Fortführung d. bisherigen Rechtsträgers | Sanierungsplan unter Fortführung durch Dritte | Liquidationsplan

Verkauf der Auffanggesellschaft als entschuldeter neuer Rechtsträger

Verteilung des Verwertungserlöses an Insolvenzgläubiger (§§ 187 ff. InsO)
➤ ggf. Abschlagszahlungen (§ 200 InsO)
➤ Schlußverteilung (§ 196 InsO)

Aufhebung des Insolvenzverfahrens (§ 258 InsO)

Befriedigung der Insolvenzgläubiger aus Planerträgen

Restschuldbefreiung (§ 227 InsO)

Aufhebung des Insolvenzverfahrens (§ 200 InsO)

ggf. Anschluß eines Restschuldbefreiungsverfahrens bei natürlichen Personen (§§ 286 ff. InsO)

www.ingramcontent.com/pod-product-compliance
Lightning Source LLC
Chambersburg PA
CBHW021718210326
41599CB00013B/1687